OBSERVATIONS
SUR
LES ANTIQUITÉS
DE LA VILLE
D'HERCULANUM.

AVEC

QUELQUES REFLEXIONS SUR la Peinture & la Sculpture des Anciens ; & une courte description de quelques Antiquités des environs de Naples.

Par Messieurs COCHIN *le fils &* BELLICARD.

A PARIS.
Chez CH. ANT. JOMBERT, Libraire-Imprimeur du Roi en son Artillerie, rue Dauphine, à l'Image Notre-Dame.

M. DCC. LIV.

A MONSIEUR

DE VANDIERES,

Conſeiller du Roi en ſes Conſeils, Directeur & Ordonnateur Général de ſes Bâtimens, Jardins, Arts, Académies & Manufactures.

MONSIEUR,

Permettez-nous de vous préſenter ce petit ouvrage ; il ne doit ſa naissance qu'à l'avantage que nous avons eu de vous accompagner dans votre voyage d'Italie. Ce sont quelques foibles observations que nous jettions sur le papier, tandis que vous acqueriez cette connoissance supérieure des Arts qui vous a rendu si cher aux Artistes, parce qu'ils lui doivent la satisfaction, plus douce encore que les récompenses, de voir leurs talens appréciés à leur juste valeur.

*En cédant à l'empressement des curieux qui ont désiré que ce que nous avons recueilli d'*Herculanum *fût publié, nous saisissons avec ardeur l'occasion de vous rendre l'hommage de notre profonde* *reconnoiſſance, & des ſentimens de reſpect avec leſquels nous ſommes,*

MONSIEUR,

Vos très-humbles & très-obéiſſans
Serviteurs,
Cochin fils & Bellicard.

AVERTISSEMENT.

CET Ouvrage est composé de trois Sections. La premiere contient la description des principales antiquités qu'on a tirées de la ville souterraine *d'Herculanum*, & est précédée d'une exposition de l'état actuel du mont Vésuve, par M. Bellicard, Architecte, des Académies de Florence & de Boulogne.

La seconde renferme une dissertation sur les Ouvrages de Peinture & de Sculpture qu'on a trouvés dans les mêmes ruines, par M. Cochin fils, Dessinateur & Graveur du Roi, & Garde des desseins du Cabinet de Sa Majesté.

On trouve dans la troisième la description de quelques antiquités répandues aux environs de Naples, à Pouzzol, à Bayes, à Cumes & à Capoue, par M. Be llicard.

On a cru rendre cet Ouvrage plus intéressant en faisant précéder ces trois Sections d'une Dissertation contenant des recherches historiques sur la ville d'*Herculanum* : elle nous a été communiquée par un homme de lettres, qui n'a pas jugé à propos de se faire connoître.

RECHERCHES HISTORIQUES SUR *HERCULANEUM.*

IL y a déja plusieurs années qu'en creusant un puits * aux environs de *Portici*, village situé au pied du mont Vésuve, à sept ou huit milles de Naples, on trouva les restes d'une ancienne ville que les éruptions du Vésuve avoient abîmée & ensevelie. Cette découverte s'est perfectionnée depuis à l'occasion de la fouille des terres qu'on a faites pour asseoir les fondemens d'une maison de plaisance * que le Roi des deux Siciles a fait bâtir au même endroit. Comme on sçavoit que la ville d'*Herculaneum* étoit située aux environs, & qu'on y avoit déja trouvé autrefois des inscriptions où elle

* I. Sect. pag. 1.

* *Ibid.*

étoit nommée, il n'a pas été difficile de juger que ces restes étoient apparemment ceux de cette ville malheureuse.

Cependant on assure qu'il s'étoit d'abord élevé entre les Sçavans différentes opinions sur le nom de la ville qu'on découvroit; que les uns vouloient que ce fût celle de *Pompeii* ou *Pompeïa*; que les autres l'appelloient *Retina.* Les premiers ne faisoient pas attention que *Pompeii* étoit sur les bords du *Sarno*, & que même la tradition du pays conserve encore la mémoire de sa situation vers l'embouchure de cette rivière, près d'un endroit appellé *Torre dell' Annonciata*, à dix ou onze milles de *Portici*, trop loin certainement pour se retrouver aujourd'hui sous *Portici* même.

A l'égard de *Retina*, l'antiquité ne nous fait connoître dans ces quartiers aucune ville de ce nom. Pline le jeune le donne seuement à une maiſon de campagne ou tout au plus à un hameau * qu'il y place, & cette maiſon de campagne ou ce hameau eſt, ſuivant toute apparence, le lieu de *Reſina* auprès de *Portici*; car *Retiné* ou *Retina* en grec, & *Reſina* en latin, ſont la même choſe. Les anciens habitans de Naples qui étoient d'origine Grecque, l'avoient ſans doute nommée *Retina*, & de là Pline aura peut-être affecté d'écrire *Retina*; les Latins diſoient *Reſina*, & de là les Napolitains ne la nomment plus aujourd'hui que *Reſina*.

* *Villa.*

Quelques modernes ont penſé que *Retina* pouvoit au moins être l'ancien nom du lieu qui fut depuis appellé *Herculaneum*, & même que les quartiers maritimes de cette ville l'avoient toujours conſervé: cette conjecture n'a d'autre fondement que l'idée qu'ils ſe forment de *Retina*, qu'ils croyent avoir été un port très-conſidérable, dans lequel ſe retiroient les flottes Romaines : en effet, ſelon eux, Pline le jeune parle des matelots ou ſoldats de la flotte de *Retina* ; mais, ſi je ne me trompe, ils n'ont point entendu le paſſage de cet Ecrivain qu'ils alléguent *.

* Ce paſſage eſt conçu en ces termes : *Retinæ claſſiarii imminenti periculo exterriti (nam villa ea ſubjacebat, nec ulla niſi navibus fuga) ut ſe tanto diſcrimine eriperet orabant.* Il eſt pris de la lettre dans laquelle Pline raconte à Tacite les circonſtances de la mort de ſon oncle. Pline avoit dit auparavant que ſon oncle étoit à Misene & y commandoit la flotte Romaine, *erat Miſeni, claſſem imperio præſens regebat* ; que de là il avoit apperçu aſſez confuſément un grand incendie vers le mont Véſuve ; qu'il avoit entrepris de l'aller reconnoître de plus près ; qu'il avoit pour cet effet ordonné qu'on appareillât une frégate ; qu'étant ſorti de chez lui pour s'embarquer, il s'étoit fait donner des tablettes. » Les matelots de la flotte, « ajoûte Pline, & c'eſt ici le paſſage qui trompe nos critiques, » effrayés du danger où étoit *Retina*, » (car ce hameau étoit ſitué ſous l'embraſe» ment, & on ne pouvoit s'en ſauver que par » mer) le prioient de ne point s'expoſer à un ſi » grand péril «. Il ne s'agit point là des matelots de la flotte de *Retina* qui ne pouvoient viſiblement pas être alors à Miſene, & qui en tout cas n'euſſent eu rien à craindre s'ils ſe fuſſent déja ſauvés de *Retina*. Et en ef-

Le nom de la ville retrouvée sous *Portici* est écrit dans les Auteurs Latins *Herculanum*, *Herculanium*, & plus communément *Herculaneum*; si ce n'est que les Poëtes l'appellent aussi la ville ou les salines d'Hercule, *urbs Herculea*, *salinæ Herculeæ*. Les Auteurs Grecs écrivent son nom *Heracleion*, *Heraclanon* & *Herculaneion*. Depuis que la découverte de cette ville fait du bruit, ceux qui en ont parlé les premiers l'ont appellée tantôt *Herculea*, tantôt *Heraclea* ou *Heraclée*. On l'a depuis désignée par les noms d'*Her-*

fet, il ne faut pas dans la construction de la phrase latine faire rapporter *Retinæ* à *Classiarii*, comme si Pline avoit dit *Classiarii Retinæ* pour *Classiarii Retinenses* : *Retinæ* se rapporte à *imminenti*, & la construction est *Classiarii exterriti periculo imminenti Retinæ*. Ce qui suit le prouve, *nam ea villa subjacebat*, puisque c'est la raison pourquoi *periculum imminebat Retinæ*. » Il change d'avis, continue Pline, & il » exécute avec le plus grand courage ce qu'il » n'avoit d'abord entrepris que par curiosité. Il » fait appareiller plusieurs galeres, il monte » lui-même sur une pour porter du secours, » non-seulement à *Retina*, mais encore &c.

culanée, *Herçulane*, *Herculaneum*, ou ſuivant la terminaiſon Italienne, *Herculana*, *Herculaneo*, comme avoient déja fait autrefois *Capaccio*, *Mormile*, *Camillo Pelegrino*, &c. & cela paroît plus exact, car il y a apparence que le nom latin eſt le nom original, & que les Grecs ne l'ont nommée que d'après les Latins; puiſque d'un côté chez les Latins il n'a jamais la forme grecque, au lieu que chez les Grecs, s'il a quelquefois la forme grecque, il ne conſerve pas moins ſouvent la forme latine: c'eſt auſſi la raiſon pour laquelle j'ai cru devoir retenir dans ce mémoire le nom d'*Herculaneum*.

Cette ville étoit une des plus anciennes d'Italie, & paſſoit pour avoir été bâtie avant la guerre de Troyes. Denys d'Halicarnaſſe rapporte à Hercule ſon origine & ſa fondation: je n'ignore pas combien la narration de cet Hiſto-

rien peut paroître fabuleuſe, mais je ne crois pas devoir ici l'omettre ni la rejetter, par pluſieurs raiſons.

La premiere, eſt qu'aucun autre Ecrivain n'ayant parlé de la fondation d'*Herculaneum*, il m'a paru indiſpenſable, dans des recherches ſur l'hiſtoire de cette ville, d'indiquer au moins ce que dit de ſon origine le ſeul Auteur qui l'ait rapportée.

Une ſeconde raiſon, eſt que Denys d'Halicarnaſſe annonçant qu'il avoit puiſé ſon récit, non dans les fables qu'on débitoit ſur Hercule, mais dans ce que l'on en racontoit de plus hiſtorique, j'ai penſé qu'il y auroit de la témérité à mépriſer ou à nier par conjecture & par ſyſtême un fait ainſi atteſté par un des plus graves & des plus judicieux Ecrivains du ſiécle d'Auguſte. Enfin une troiſième raiſon, eſt que quelques ſingulières, & même ſi l'on veut, quelque peu vraiſemblables que ſoient les circonſtances qui accompagnent le récit des voyages d'Hercule en Eſpagne, dans les Gaules, en Italie, je ſuis très-convaincu que ce récit nous conſerve toujours au fond la mémoire des premiers marchands Phéniciens ou Grecs qui découvrirent les contrées occidentales de l'Europe, & la connoiſſance des Colonies, des ports & des entrepôts qu'ils y établirent, ſoit pour la propagation & la commodité de leur commerce, ſoit pour la facilité & la ſureté de leur navigation ; ce qui n'eſt pas ſans doute un des moindres objets de l'hiſtoire des nations.

Hercule, ſuivant Denys d'Halicarnaſſe, après avoir détruit les Tyrans & les brigands qui infeſtoient l'Eſpagne & les Gaules, après avoir policé les Nations ſauvages qui habitoient ces pays, s'ouvrit dans les Alpes un chemin que perſonne n'avoit encore tenté, & repaſſa en Italie, où il s'ar-

rêta

rêta près d'un an. La flotte dont il s'étoit fait accompagner jusqu'en Espagne, retenue par des vents contraires, ne put le rejoindre qu'au bout de quelque tems sur les bords du *Sarno*, au pied du mont Vésuve; & ce fut là qu'ayant consacré aux Dieux la dixme des richesses qu'il rapportoit, il bâtit d'abord *Pompeïa* ou *Pompeii* dans l'endroit où il campoit, & où il avoit célébré ses victoires par un triomphe solemnel, comme le signifie le nom de cette ville; ensuite *Herculaneum* au port où sa flotte avoit relâché: ces deux villes n'étoient qu'à huit ou neuf milles l'une de l'autre. Le P. Petau a eu soin de remarquer dans ses Canons chronologiques, que l'an de la période Julienne 3476, 1238e avant l'Ere vulgaire, fut celui où Hercule étoit en Italie, suivant la chronologie de Denys d'Halicarnasse: ce sera donc aussi celui de la fondation d'*Herculaneum*.

Cette ville ayant été entierement abîmée, nous ignorerions les particularités de sa situation si les Anciens ne nous en avoient indiqué quelques-unes. *Camillo Pelegrino* y rapporte avec assez de fondement un passage de *Sisenna*, que nous a conservé *Nonius Marcellus* au mot *Fluvia* : on y lit qu'elle étoit située dans le mont Vésuve, sur une hauteur, au bord de la mer, entre deux rivières *. Elle étoit défendue, au rapport de Strabon, par une citadelle bâtie sur une langue de terre, qui s'avançoit dans la mer : son port étoit sûr & à l'abri de tous les mauvais temps ; elle étoit vantée pour la salubrité de l'air qu'on y respiroit & qu'y entretenoit le vent du midi auquel elle étoit exposée. Elle fut, suivant le même Strabon, possédée tour à tour par les Osques, par les Cuméens, par les Tyrrhéniens & par les Samnites.

* Apparemment le *Sarno* & le *Sebe-tho*.

Les Osques étoient, selon quelques Auteurs, le même peuple que les Opiques, & conséquemment que les Ausoniens ou Aurunces, qui ont été regardés par plusieurs comme les plus anciens habitans de l'Italie. Strabon cependant assure que Polybe distinguoit les Opiques des Ausoniens; mais l'exemple qu'il en donne pourroit n'être pas absolument concluant. Quoiqu'il en soit, car je ne prétends pas ici discuter ces questions, les Osques possédoient la Campanie & les environs du mont Vésuve, lorsqu'*Herculaneum* y fut bâti; & soit que cette ville fut réunie à leur République dès le tems de sa fondation, soit qu'ils s'en soient emparés bientôt après, ils furent les premiers à qui elle fut assujettie.

Une Colonie Grecque qui vint s'établir sur les côtes voisines & qui y fonda la ville de Cumes, enleva aux Osques toute la côte du Golfe de Naples, & par conséquent *Herculaneum*, qui y étoit située ; mais il semble que cette ville eut alors déja souffert une première révolution dont Strabon ne parle point, & qui tombe vers le temps de la guerre de Troyes : c'est Virgile qui nous en donne les indices. Comme dans le dénombrement qu'il fait au septiéme livre de son Enéïde, des peuples d'Italie, il est constant que ce qu'il dit de chacun, est le plus souvent fondé sur leur histoire véritable, je crois qu'on peut employer le témoignage de ce Poëte en le réduisant à l'historique, & détachant des faits qu'il présente le poëtique & le merveilleux. Si l'on en croit donc Virgile, les Teleboens, soit qu'ils fussent Grecs ou Phéniciens *, &

* La plus commune opinion les suppose descendus des Pheniciens qui suivirent Cadmus ; d'autres les font descendre de Persée & d'Andromede, ce qui leur donneroit la même origine du côté de leur mere. Les Grecs disoient qu'ils prenoient leur nom de *Teleboas*, un de leurs Chefs, ou de ce qu'ils alloient au loin vo-

qu'ils eussent pris leur nom d'un de leurs Chefs, ou de leur profession, & des rapines qu'ils faisoient, s'étoient établis sur les côtes d'Italie dans l'Isle de Caprées, celle même que le séjour de Tibere a depuis rendu si fameuse. Leur Roi Telon épousa dans sa vieillesse la Nymphe *Sebethis* : le *Sebetho* est une petite rivière qui se jette dans la mer auprès de Naples ; & la Nymphe *Sebethis* ne désigne apparemment autre chose en langue mythologique, qu'une Princesse qui régnoit sur ses bords. *Oebalus* naquit de ce mariage, & après la mort de son pere ne s'étant pas contenté de son Isle, il rangea sous ses loix les peuples du conti-

ler des bœufs, ὅτι τῆλε τὰς βόας ἀπῆγον. S'ils étoient d'origine Phénicienne, il seroit plus naturel de chercher l'étimologie de leur nom dans le Phénicien. Bochard montre que le nom de Taphiens qu'on leur donnoit quelquefois, vient d'une racine qui signifie voler ; car, comme disent les Auteurs, c'étoient les plus grands voleurs du monde : celui de Teleboens pourroit bien signifier à peu près la même chose.

nent voisin, c'est à-dire les peuples de la Campanie, ou pour se renfermer dans l'expression de Virgile, les peuples du *Sarno* *. Il me semble que la situation d'*Herculaneum* ne permet guères de douter qu'il ne fût compris dans les conquêtes d'*Oebalus*. Ce Prince vivoit encore lorsque les Troyens aborderent en Italie avec Enée, contre lequel il embrassa le parti de *Turnus*.

* *Sarastes populos.*

Le tems où *Herculaneum* tomba sous la puissance des Cuméens n'est déterminé, que je sçache, par aucun Auteur, & j'entreprendrai d'autant moins à cet égard de suppléer au silence des Historiens, par des conjectures, que les Chronologistes ne s'accordent même pas sur le temps où les Cuméens ont passé en Italie. Car quoique l'opinion la plus probable paroisse être celle qui ne les y fait venir qu'environ cent ans après la guerre de Troyes, celle qui les y conduit avant cette même guerre, a auſſi ſon fondement & ſes partiſans.

Nous avons un peu plus de lumières ſur le tems où *Herculaneum* paſſa des mains des Cuméens dans celle des Tyrrhéniens. Nous ſçavons du moins que les Tyrrhéniens chaſſés des bords du Pô par les Gaulois, entrerent dans la Campanie avec une foule de Barbares, Umbres, Dauniens, &c. qui s'étoient joints à eux, la premiere année de la ſoixante-quatrième Olympiade, l'an de la Période Julienne 4190, 524 avant J. C. & quoiqu'alors ils fuſſent vivement repouſſés & battus devant Cumes, cet échec apparemment ne les rebuta point, & ils s'en vengerent du moins ſur le reſte de la Campanie, dont ils s'emparerent. En effet, ils y formerent 52 ans après un Etat compoſé de douze villes, dont la capitale fut Capoue. Je dis 52 ans après, car ce fut alors que Capoue fut bâtie, suivant Caton, & Strabon assure qu'elle le fut par les Tyrrhéniens dont il s'agit. On peut douter cependant si Caton & Strabon ont entendu parler de la fondation primitive de Capoue ou d'un simple rétablissement de cette ville; car d'autres soutenoient que cette ville avoit été bâtie plus de 330 ans auparavant. Elle s'étoit d'abord appellée Vulturne; le nom de Capoue lui fut donné suivant les uns, parce qu'elle étoit la Capitale * de douze villes Tyrrhéniennes, suivant d'autres, du nom d'un Chef des Tyrrhéniens ou des Samnites, appellé *Capys*; suivant d'autres enfin, à cause de ses plaines, qui se disoient en latin *Campi*, d'où est même aussi dérivé le nom de la Campanie, dont Capoue étoit la Capitale.

* *Caput.*

Si c'est dans l'intervalle de ces 52 ans que les Tyrrhéniens se sont rendus maîtres du pays où étoit situé

ſitué *Herculaneum*, & qu'ils ont ſubjugué les peuples à qui cette ville appartenoit, il eſt probable que c'eſt auſſi dans le même temps qu'elle a paſſé elle-même ſous leur puiſſance. On ne trouve rien de plus particulier ſur la manière dont ils la prirent, ou dont elle ſe ſoumit à eux : les Tyrrhéniens avoient à peine joui de ce beau pays 49 ans, qu'ils en furent dépouillés par les Samnites leurs voiſins. Ces derniers après les avoir fatigués par une longue guerre, avoient feint de conſentir à la paix, à condition d'être reçus à partager avec les Tyrrhéniens les fertiles campagnes de Capoue; mais auſſi-tôt qu'ils y eurent été admis, ils profiterent de la ſécurité que la foi du traité avoit inſpiré aux Tyrrhéniens. La nuit d'après une Fête ſolemnelle, pendant que ces malheureux étoient plongés dans le ſommeil & dans le vin, les Samnites ſe jetterent ſur eux, en fi-

rent un affreux carnage, & resterent ainsi seuls maîtres de Capoue. Mais quel que fut le succès d'une si noire perfidie, il paroît que l'avantage qu'ils en tirerent, ne s'étendit pas sur le champ au-delà des murailles de cette ville. Ce qu'il y avoit de Tyrrhéniens dans le reste de la Campanie ayant sans doute repris les armes, disputa quelque temps le terrein aux Samnites ; & ce ne fut que trois ans après le massacre de Capoue, qu'ils se rendirent maîtres de Cumes. L'histoire ne nous apprend point en quel temps ils s'emparerent des côtes voisines, & singulierement d'*Herculaneum.* Il semble qu'ils en étoient maîtres neuf ans après, lorsqu'ils empêcherent les Romains d'acheter du bled dans ces cantons pendant la famine qui désola Rome, sous le
Périod. Consulat de Papirius Atratinus &
Jul. de Nautius Rutilus.
4303.
av. J C. Les Romains prirent *Hercula-*
411. *neum* 118 ans après ce Consulat,

la ſixième année de la guerre qu'ils firent aux Samnites. L'armée des Samnites s'étoit retirée ſous les murailles de cette ville après la perte de Volana & de Palumbinum, le Conſul Carvilius les y attaqua d'abord deux fois ſans ſuccès; mais enfin les ayant obligés d'entrer dans la ville & de s'y renfermer, il les y aſſiégea, & emporta la place. Il y a apparence que par le traité de paix conclu depuis avec les Samnites, les Romains leur rendirent *Herculaneum*, & qu'elle ſuivit le ſort de ces peuples, c'eſt-à-dire qu'elle jouit avec eux des privilèges qu'avoient les autres alliés des Romains en Italie: car, comme on ſçait, c'étoit ſous ce titre ſeul d'alliés que les peuples d'Italie reconnoiſſoient l'autorité Romaine, jouiſſant d'ailleurs du droit de vivre ſuivant leurs loix particulières & d'avoir leurs Magiſtrats nationaux.

Périod. Jul. 4421. av. J. C. 293.

Par l'énumération des Colonies

Romaines que nous a conſervé Velleius Paterculus, il eſt évident
Périod. Jul. 4614. av. J. C. 100. qu'il n'y en eut point d'établie à *Herculaneum* avant le ſixième Conſulat de Marius.

Dix ans après la ville d'*Herculaneum* étant entrée dans la ligue des peuples alliés pour la fameuſe guerre Sociale ou Marſique, elle fut priſe par T. Didius, un des Proconſuls que les Romains envoyerent à cette occaſion dans les différens quartiers de l'Italie où les peuples alliés avoient pris les armes. Le triſayeul de Velleius Paterculus ſe trouva à ce ſiége avec une légion qu'il avoit levée à ſes dépens, & contribua beaucoup au ſuccès du Proconſul.

C'eſt probablement alors même ou peu de tems après, que les Romains y envoyerent une colonie; c'eſt pourquoi Denys d'Halicarnaſſe, qui écrivoit 83 ans depuis, dit qu'elle étoit habitée par les Romains: & elle prend en effet le titre de Colonie dans les monumens, singuliérement dans l'inscription qu'elle avoit consacrée à l'honneur de L. Munatius Concessanus, son protecteur. Cette inscription, trouvée anciennement auprès de *Torre di Greco*, est conservée depuis long-temps à Naples, chez les Religieux de Saint Antoine.

Dans cette même inscription les Herculanéens marquent aussi leur reconnoissance au fils, qui étant dans ce temps-là leur Démarque (ce nom signifie à la lettre Chef du peuple) avoit par sa libéralité procuré l'abondance dans leur ville. La qualité de Démarque se rencontre de même dans quelques inscriptions qui regardent la ville de Naples : je crois que c'étoit dans ces villes à peu près le même Magistrat que l'on appelloit à Rome *Tribun du peuple*. Les Grecs en effet ont toujours rendu le titre de Tribun du peuple par celui de Démarque ; d'où vient que dans les inſcriptions & les médailles Grecques, la puiſſance tribunitiènne des Empereurs eſt appellée Δημαρχικῆ ἐξουσία.

Les agrémens de cette côte y avoient fait bâtir des maiſons de plaiſance de tous côtés par les principaux des Romains ; il n'eſt pas douteux qu'il n'y en eût quelques-unes à *Herculaneum*. Les lettres de Ciceron nous y font connoître celle qu'y avoient les Fabius, & que deux freres poſſédoient de ſon temps, par *indivis*. Seneque parle d'une autre qu'y avoit eu C. Ceſar, & que ce Prince fit détruire quand il fut Empereur, parce que ſa mere y avoit été detenue priſonniere du temps de Tibere ; il dit qu'elle étoit de la plus grande beauté, & qu'elle attiroit les regards de tous ceux qui paſſoient le long de la côte. Nous voyons par la deſcription que fait Stace d'une maiſon de cette eſpèce, ſituée à Soretto, dans le Golfe de Naples, qu'elles étoient ornées des morceaux les plus rares des grands Maîtres de la Grece, en peinture & en ſculpture: on y voyoit des chefs-d'œuvres d'Apelles, de Phidias, de Policlete, &c.

Quid referam veteres ceræ, ariſque figuras?
Si quid Apellæi gaudent animaſſe colores,
Si quid adhuc, vacuâ tamen, admirabili piſâ
Phydiacæ rasêre manus; quod ab arte Myronis
Aut Policletæo quod juſſum eſt vivere cœlo
Æraque ab Iſthmiacis auro potiora favillis
Ora ducum & vatum, ſapientumque ora priorum.

J'ai cru devoir faire ici cette obſervation, afin qu'on ne ſoit pas étonné de retrouver dans les ruines d'une ville peu conſidérable, telle qu'*Herculaneum*, des piéces d'une grande beauté & d'un travail achevé, comme il ne faudroit pas l'être aussi de ce qu'il s'y trouveroit des morceaux médiocres, qui n'auroient peut-être d'autre mérite que d'avoir été conservés jusqu'à nous.

On a voulu appliquer à *Herculaneum* un Senatusconsulte fait sous l'empire de Claude, pour empêcher l'abus qui s'étoit introduit d'acheter des maisons pour les abattre & en vendre les matériaux. On avoit en effet trouvé ce Senatusconsulte gravé sur des tables d'airain, attachées aux ruines d'une muraille antique sur cette côte; mais il est certain que cette loi étoit faite pour Rome & pour l'Italie en général.

La ville d'Herculane essuya une premiere secousse dans un tremblement de terre, qui désola pendant plusieurs jours la Campanie, l'an 63 de l'Ere vulgaire. Il commença à se faire sentir le 5 de Février, & effraya d'autant plus, si l'on en croit Seneque qui vivoit alors, qu'on étoit dans l'opinion que la terre n'étoit point ſujette à des tremblemens de terre; *Pompeia* fut entiérement abîmée, une partie d'*Herculaneum* fut renverſée, & le reſte tellement ébranlé, qu'il menaçoit d'une chute prochaine, ſi on n'y eut porté le ſecours néceſſaire, lorſque le temps eut fait oublier le danger qu'on y avoit couru. On parle d'une ſtatue qui fut partagée préciſément en deux piéces de bas en haut dans ce tremblement; mais on ne dit pas ſi c'eſt à *Herculaneum* ou dans quelqu'autre ville de cette contrée. Seize ans & neuf mois après, le premier Novembre de l'an 76 de J. C. ſous le ſixième Conſulat de Titus, la premiere année de ſon empire, commencée au mois d'Août précédent, *Herculaneum* périt dans le fameux incendie du Véſuve.

On reſſentoit déja depuis pluſieurs jours des chaleurs extraordinaires

& des tremblemens plus foibles en des endroits, plus violens en d'autres, accompagnés de bruits comme de tonnerre & de mugissement dans l'air, sur la terre & sur la mer; enfin il se fit tout d'un coup un bruit furieux, & du creux du Vésuve il sortit des masses de pierres & de terre qui s'élevoient à une hauteur prodigieuse, ensuite un grand feu & une horrible fumée qui obscurcit l'air, & du jour en fit la nuit. Le feu fut en même temps suivi par une quantité incroyable de cendres mêlées de terre & de pierre, qui remplit l'air, la terre & la mer, dont ces matières comblerent une partie & reculerent sensiblement les bords. La ville de *Pompeia* qui avoit été rétablie, & celle d'*Herculaneum*, périrent toutes entieres, & demeurerent ensevelies sous les ruines du Vésuve. Jupiter, dit Stace, Auteur contemporain, arrachant la montagne de la terre

& la portant jusqu'aux cieux, en à lancé les débris sur de malheureuses villes. Martial qui vivoit aussi alors, met nommément *Herculaneum* au nombre des lieux qui avoient été abîmés sous les feux & les cendres du Vésuve.

Hic est pampineis modò Vesuvius umbris...
Hic locus Herculeo nomine clarus erat,
Cuncta jacent flammis tristi mersa favillâ
Nec superi vellent hoc licuisse sibi.

On a trouvé une grande inscription, mais fort endommagée & tronquée, en l'honneur de l'Empereur Vespasien. On y en voit une aussi en l'honneur de Domitie, femme de Domitien, qui n'y a que le titre de Cesar. Il y a grande apparence qu'on fit beaucoup de nouveaux édifices dans *Herculaneum* sous Vespasien, en réparant les dommages que cette ville avoit souffert du tremblement de l'an 63, & je présumerois volontiers qu'on y doit trouver plus de monumens de cet Empereur que d'aucun autre.

Depuis l'année où nous avons marqué sa fondation, il y a jusques à celle de sa ruine, 1316 ans ou 1317, en comprenant les deux termes.

Planche I.re Page I.re

OBSERVATIONS SUR LES ANTIQUITÉS DE LA VILLE D'HERCULANUM.

SECTION PREMIERE.

Description des Antiquités d'Herculanum.

AVANT que de parler des édifices & des autres objets de curiosité qu'on a découvert dans *Herculanum*, il ne sera pas hors de propos de donner quelque idée du mont Vésuve qui a causé la ruine de cette ville. Les éruptions du Volcan, Pl. I. les tremblemens de terre qui les précèdent & qui les accompagnent, l'action même de la matière enflammée qui agit continuellement au dedans des entrailles de cette montagne, en changent souvent les aspects. Ainsi les descriptions qu'on en pourra publier en différens temps auront toujours le mérite de la nouveauté. Je l'ai examinée en 1749 & en 1750, & ce court intervalle a suffi pour apporter des différences considérables dans son intérieur. Les dimensions que j'en vais donner se sont trouvées conformes à celles qui m'ont été communiquées par M. Soufflot, Architecte du Roi, qui l'avoit aussi mesurée en 1750.

On monte avec peine au sommet, & l'on est obligé de faire beaucoup de chemin sur des pierres très raboteuses, & inégalement éparses. La plupart sont dures, pesantes, & paroissent mêlées de particules ferrugineuses : d'autres sont légères, poreuses, & semblent composées de souphre & d'autres substances minérales ; la montagne en est presque couverte. Il y a lieu de croire que ce sont des concrétions de l'écume hétérogène des torrens de matieres qui ont coulé de la montagne dans ses éruptions. Elles forment une croute considérable, dont le dessous est un solide épais qui a la dureté du marbre, & qui peut en recevoir le poli : c'est ce que l'on appelle proprement *la lave* du mont Vésuve. On s'en sert beaucoup à Naples, les rues en sont pavées ; on l'emploie aux chambranles des portes & des croisées, on en taille des tables ; elle est propre à tous les usages du marbre. Près du sommet de la montagne la pente devient extrêmement roide, & se couvre de cendres. Ce que l'on nomme *cendres*, est un composé de petits grains fort solides, de la grosseur du grain de millet : c'est aussi un mêlange de particules métalliques fondues avec des particules pierreuses. Arrivé au sommet de la montagne, l'intérieur en paroît comme une petite plaine : cet espace est terminé circulairement par des rochers qui le bordent ; il n'a pas toujours la même profondeur, soit que la matière en fusion qui bouillonne dessous, ait la force de l'élever lorsqu'elle augmente en volume, soit que son épaisseur accroisse par de nouvelles couches, lorsque cette matière, dans ses gonflemens, vient à sortir & à se répandre par des ouvertures qu'on appelle *bouches*. En 1749, ce terreplain paroissoit enfoncé de plus de quatre-vingt toises dans l'intérieur de la montagne; en 1750, il ne l'étoit plus que de 30 à 32. La planche première représente cet intérieur; la ligne *c d e*, indique ce nouveau sol. Le sommet de la montagne avoit alors 850 toises de circonférence, & par conséquent environ 282 toises de diametre: on arrivoit à l'endroit du sommet marqué *a*, d'où l'on pouvoit appercevoir les bouches *b*, *c*, *d*, *e*: on descendoit de là, par les rochers, jusques sur le terreplain. Ce terreplain étoit couvert de quartiers de souphre, dont je ne puis mieux comparer l'aspect qu'à celui des glaçons arrêtés sur une rivière: il étoit entr'ouvert en plusieurs endroits de lezardes par lesquelles on voyoit sortir de la fumée pendant le jour, & qui pendant la nuit étoient autant de traces de feu. Vers le tiers de ce fond étoit la grande bouche, d'où sortoit de cinq en cinq minutes une gerbe de feu, précédée d'un bruit qui se faisoit entendre dans l'intérieur de la montagne, & qui imitoit le bruit du tonnerre. La quantité de pierres qu'elle avoit vomi, formoit autour une petite montagne, qui pouvoit avoir alors douze à quinze toises, & la gerbe de pierres & de feu s'élevoit de dix-huit à vingt au dessus de son sommet.

La petite montagne étoit environnée d'autres petites bouches *b*, *c*, *d*, *e*, ausquelles on donne le nom de *cheminées*. Les cheminées ne jettoient des flammes que quand les matières, qui n'avoient pû s'échapper par la grande bouche, après avoir frappé avec violence contre les voûtes du gouffre, retomboient dans son intérieur. Le vent qui souffloit par ces ouvertures sembloit en faire autant de soupiraux de la grande bouche. Plus loin, on voyoit un lac de feu; les croutes de souphre qui formoient le terrein, s'étant effondrées, avoient laissé un espace d'environ dix-huit à vingt pieds, où l'on appercevoit la matière de la lave en fusion & en mouvement; quoique rouge & liquefiée, elle conservoit assez de solidité pour soutenir à sa surface les pierres qu'on y jettoit. Le terrein sur les bords de ce lac ne paroissoit pas avoir un pied d'épaisseur; mais il s'étoit disposé en une voûte, contre laquelle la flamme se replioit Au reste, il s'exhaloit des fumées sulphureuses, non seulement de la grande bouche & du lac, mais presque de toutes parts, sur tout aux endroits où le terreplain aboutissoit & se joignoit aux rochers environnant. Nous entendimes même plus d'une fois le terrein craquer en ces endroits, comme s'il eût été prêt à s'entr'ouvrir. Tel étoit ce Volcan au mois de Novembre 1750: lorsque je le vis pour la première fois en 1749, le jet de feu avoit très peu d'élévation.

Le Vésuve annonçoit dès lors une

éruption prochaine, par de fréquens tremblemens de terre, qui se faisoient sentir à Naples & aux environs ; & au mois d'Octobre 1751, la montagne s'entr'ouvrit & vomit une quantité prodigieuse de lave qui s'étoit amassée dans le gouffre. Heureusement le torrent de matière s'arrêta vers les bords du *Sarno*, & le pays fut garanti des dommages qu'auroit causé le débordement des eaux, si le cours de la rivière en eut été coupé.

On compte environ vingt-six éruptions depuis celle qui arriva la première année du regne de Titus, dans laquelle la ville d'Herculanum fut abîmée : comme les laves & les cendres de ces éruptions se sont presque toutes accumulées les unes sur les autres, cette ville est couverte d'un solide d'environ 60 à 80 pieds d'épaisseur. Des Auteurs prétendent que le Volcan a jetté quelquefois de l'eau avec des coquillages ; & des inscriptions latines font foi de cet étrange événement, entr'autres celle qui est sur le chemin de Naples à Portici, & qui commence ainsi : *Posteri, posteri, vestra res agitur*, &c. & celle qui est proche de *Torre del Greco*, dont les premiers mots sont, *viam à Neapoli ad Rhegiam*, &c. Je ne crois pas devoir m'étendre davantage sur l'histoire du mont Vésuve, on en trouvera les détails dans plusieurs Auteurs qui en ont parlé en Physiciens & en Naturalistes.

DÉCOUVERTE de la Ville d'Herculanum.

ON avoit depuis long-tems quelque connoissance de la situation d'Herculanum. Un Paysan la rencontra le premier dans la fouille d'un puits : on en tira même alors quelques morceaux de marbre. En 1706, des ouvriers qui travailloient à une maison de campagne que M. le Prince d'Elbeuf faisoit bâtir à Portici, en fouillant pour asseoir les fondemens, parvinrent à une voûte, sous laquelle ils trouverent des statues de bronze & de marbre, qu'on envoya à M. le Prince Eugene : cependant cette découverte fut négligée, jusqu'à ce que le Roi des deux Siciles eut ordonné de nouvelles recherches. On trouva dans ces recherches, à soixante pieds de profondeur, le sol d'une ancienne ville, sur laquelle étoient élevés Portici & Resina, villages contigus & assis entre le mont Vésuve & la mer. On eut d'abord quelques doutes sur le véritable nom de cette ville ; mais ils furent dissipés par les différentes inscriptions qu'on en tira dans la suite, & les principaux édifices qu'on y découvrit. On lit sur le piedestal de la belle statue équestre de Nonius Balbus, dont nous aurons occasion de parler ailleurs,

M. NONIO : M BALBI : F.
P.P. HERCULANENSES ;

Et sur une autre inscription trouvée dans le quartier du Théatre de cette ville :

L. Annius L. F. Mammianus Ruffus, XI. vir, &c.

Du Théatre d'Herculanum.

Pl. 2. Comme les fouilles ont été faites en différens tems, & que ce Théatre n'a été découvert que par parties, le plan que j'en donne ici ne peut être absolument exact. On l'a formé d'après les piédestaux des colonnes qui sont aux murs de ses escaliers, & des conjectures sur les parties correspondantes qui étoient cachées dans les terres : en 1750, on s'occupoit encore à découvrir l'orchestre. Il ne faut pas espérer d'avoir jamais le Théatre en entier, parce qu'on est obligé de laisser, de distance en distance, des piles de terre, pour soutenir la masse considérable dont la ville est entierement recouverte : précaution d'autant plus nécessaire que ce terrein, situé au pied du mont Vésuve, est sujet à être ébranlé par de fréquens tremblemens.

Les tranchées que les ouvriers font au hazard dans ces souterrains n'ont guères que cinq à six pieds de hauteur, sur trois ou quatre de largeur. Les figures qu'ils y rencontrent ſont la plupart mutilées & par morceaux, ſoit qu'elles ayent cédé à la peſanteur des terres, ou qu'elles n'ayent pû réſiſter à la chaleur des laves dont elles ſe ſont trouvé environnées. On voit dans les appartemens du Roi des deux Siciles pluſieurs ouvrages d'un travail précieux qui ont éprouvé ces diſgraces. Si les laves dans leſquelles on ouvre ces tranchées étoient de l'eſpèce la plus dure, celle qui tient du marbre, on conçoit que la fouille deviendroit impoſſible : auſſi ne ſont-ce que des cendres qui ont acquis la conſiſtance d'une pierre tendre.

Pour vérifier autant que je le pouvois le plan qui m'avoit été donné, & qu'on voit ici, pl. 2, je parcourus les ſentiers qu'on avoit alors pratiqués, aſſez au hazard, dans l'étendue du Théatre, & j'examinai tout ce qui en étoit découvert.

On ne voyoit dans le *proſcenium* que les trois colonnes *f*. Nous montames différens petits escaliers qui servoient de communications à tous les gradins, où s'asseioient les spectateurs : nous apperçûmes dans les gradins d'en haut plusieurs piédestaux *b*, qui ne nous parurent pas si éloignés les uns des autres, sur le terrein, qu'ils le sont dans le plan. Il y a apparence que ces piédestaux soutenoient des colonnes qui formoient une galerie telle que les Anciens avoient coutume d'en pratiquer à leurs théatres : au reste, ils étoient d'une bonne proportion, & revêtus des plus beaux marbres.

On avoit déja découvert les quatre escaliers *c* ; & malgré les piles de terre qui cachoient en partie les grands gradins, on en comptoit dix-huit montans de suite à un pallier circulaire, qui les séparoit de trois autres gradins plus élevés. La forme de ce pallier & des gradins qui l'environnent, dans le plan qu'on m'a donné & que j'expose ici, est une circonférence décrite de trois centres différens. La largeur de l'orchestre est prise depuis le troisième gradin d'en bas jusques à celui qui lui est opposé : la partie de ce Théatre que la scène occupoit, a dû être terminée par une façade d'architecture. J'en ai jugé ainsi par les bases des colonnes que j'ai vues sur le proscenium ; elles étoient d'un marbre fort beau ; les parties qui avoient été construites en bois étoient réduites en charbon dans la partie qu'on voyoit alors : voila ce que j'ai observé moi-même de plus essentiel.

Ce Théatre étoit non seulement orné des plus beaux marbres, décoré de statues, & enrichi de colonnes, mais plusieurs parties de son extérieur étoient peintes à fresque. On a trouvé sur les vomitoires * d'en haut des débris de statues de bronze fondues ; c'est ce que rapportent plusieurs curieux qui ont suivi le progrès des fouilles & des découvertes. A mesure qu'on a travaillé, on a enlevé les ornemens ; il ne reste

* On appelle de ce nom les ouvertures par lesquelles on passe des escaliers sur les gradins.

aujourd'hui que des briques & des pierres qui étoient auparavant revêtues de marbre ou d'un enduit couvert de peintures ; & les ouvriers étant obligés dans la conduite de leurs tranchées de rapporter les terres des endroits qu'ils viſitent dans les endroits qu'ils ont viſités, les changemens journaliers ſont ſi conſidérables, que ceux qu'une curioſité ſemblable à la nôtre engageroit dans l'examen de ces lieux, ne trouveroient plus les choſes dans l'état où nous les avons laiſſées. J'ajouterai au premier doute que j'avois ſur la fidélité du plan, un ſoupçon qui naît de la demi-ovale coupée ſur ſa longueur, qu'on lui a donnée, & qui n'eſt point la forme uſitée chez les anciens. Ils n'ont jamais varié dans la diſpoſition générale de ces édifices publics : ceux qui nous reſtent ſe reſſemblent tous quant au plan ; leurs amphithéatres ont la forme elliptique ; leurs théatres ſont ſemicirculaires. Le Théatre
Pl. 3. de Marcellus à Rome, dont les reſtes ſont encore aſſez beaux pour ſe faire

Pl. 2.

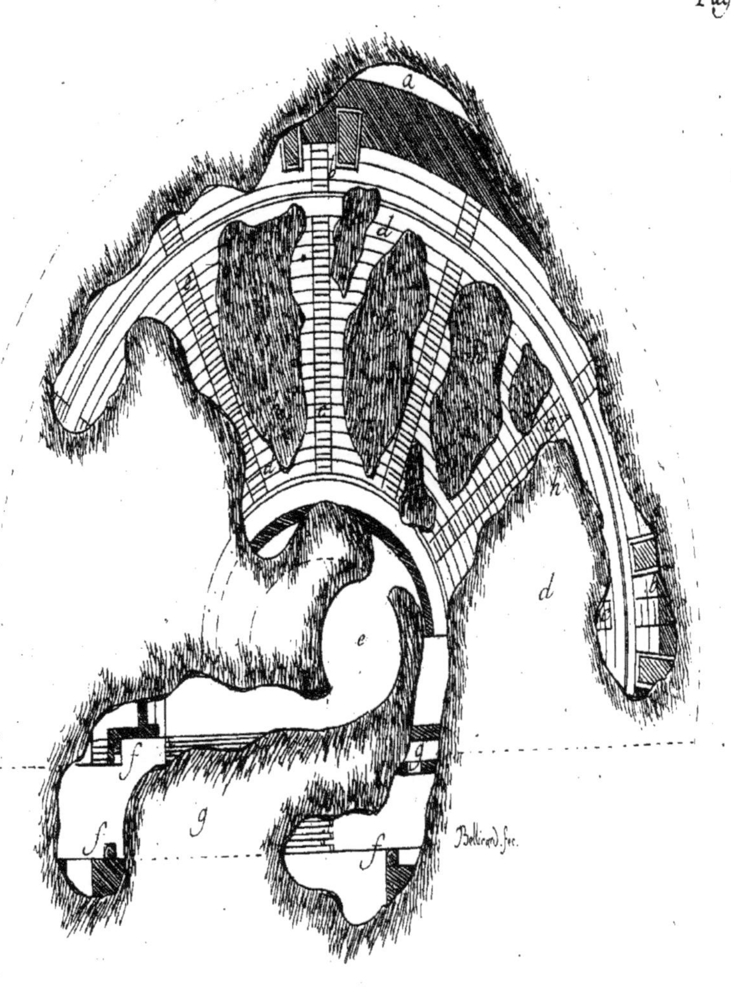

Pl.3.

pa.15.

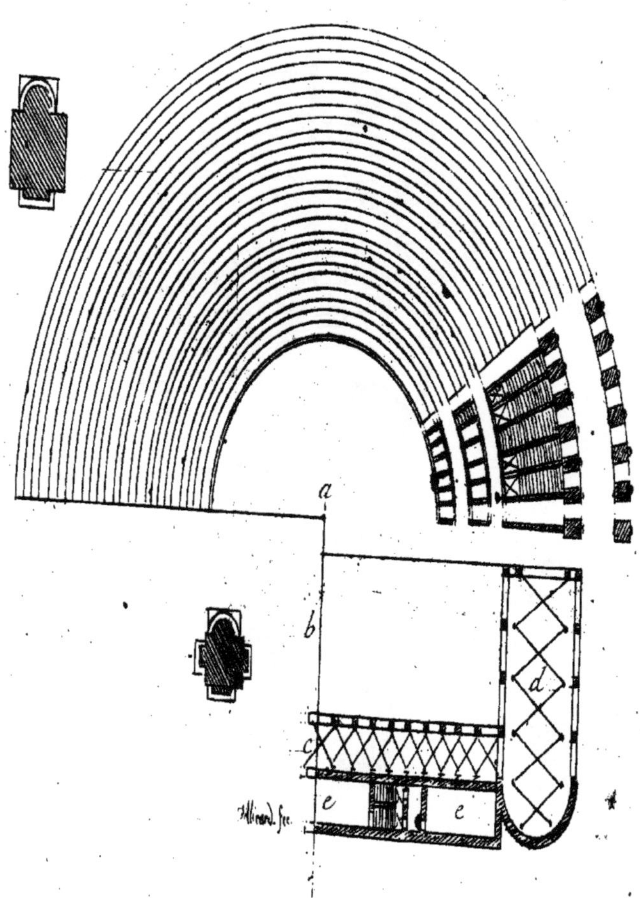

3

admirer, & aſſez conſervés pour ne laiſſer aucune incertitude ſur ſa forme, eſt un demi-cercle régulier; il fut bâti ſous Auguſte. Il eſt orné extérieurement d'un Ordre Dorique, ſurmonté d'un Ionique. Son orcheſtre *a* eſt renfermé dans un demi-cercle, autour duquel ſont élevés, ſur des circonférences concentriques, les murs & les galeries *f*, néceſſaires à la communication des eſcaliers *g*, dont tous les murs de refend répondent au même centre. Le proſcenium *b* occupe l'eſpace qui ſe trouve entre les promenoirs *d* : ces promenoirs ſe communiquent aux portiques de la ſcène *c* dont le milieu étoit ordinairement occupé par le *pulpitum*; l'endroit *e*. eſt un veſtibule qui a ſon iſſue vers des eſcaliers qui conduiſent à d'autres parties de cet édifice. Outre que la forme de ce Théatre eſt plus belle & plus régulière que celle du Théatre d'Herculanum, la conſtruction en eſt telle que de tous les gradins on voit ſur la ſcène; avantage qui auroit manqué à ce dernier, à en juger sur le plan qu'on en donne. Le mur *a f* & les colonnes *f* placées dans ses angles rentrans, auroient masqué les spectateurs assis sur les gradins supérieurs dans les parties les plus voisines de la scène : ainsi ou le Théatre devoit être moins large, & par conséquent plus approchant d'un demi-cercle, ou le proscenium plus ouvert, & les colonnes *f* plus reculées. Il est vrai que le théatre Olympique, que le célèbre *Palladio* a élevé à Vicence, a la même forme & le même défaut. Le mur qui s'étend jusques en *e* cache la scène à une partie des spectateurs ; & le triangle compris entre ce mur & la ligne *e d* est en pure perte. Palladio l'a élevé pour soutenir la couverture de son théatre ; mais cette nécessité n'avoit aucun lieu chez les Anciens qui ne couvroient point ces édifices. Cependant Palladio s'étant proposé de construire son théatre à l'imitation des Anciens, on pourroit conjecturer qu'il avoit

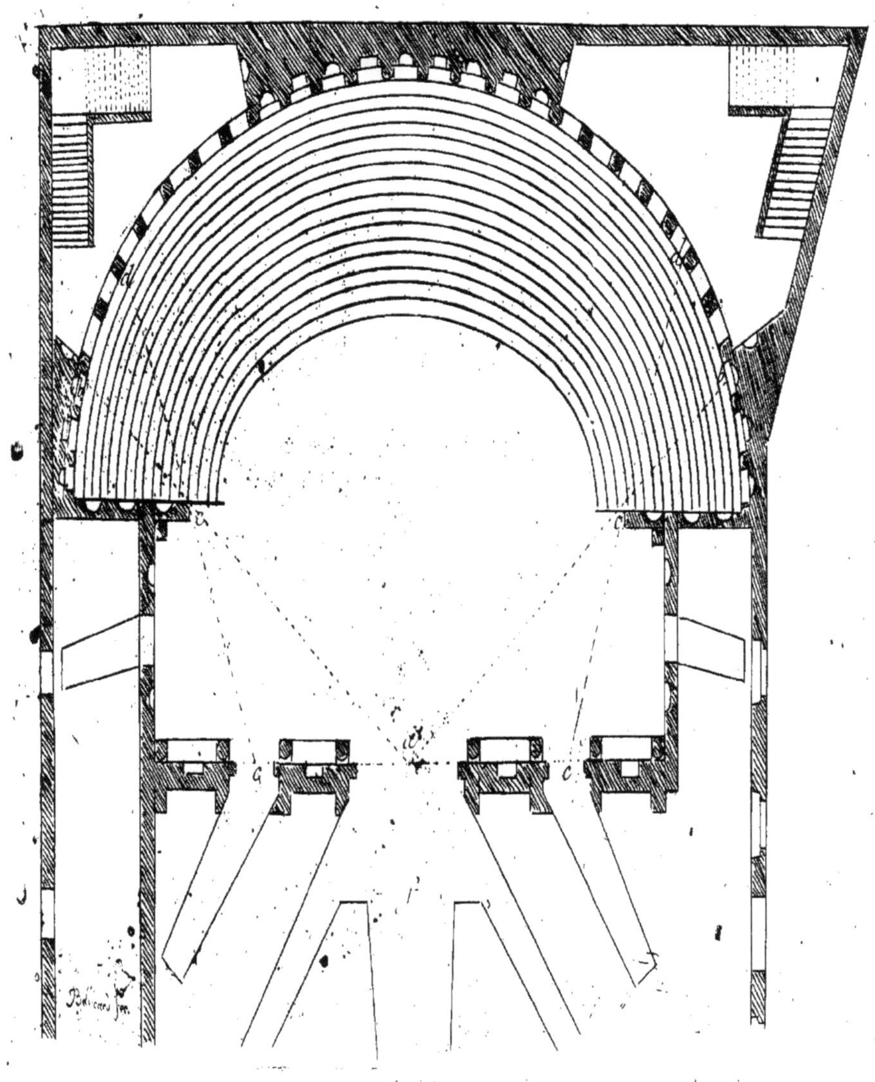
d
d
c
c
c
c
Belicard fec.

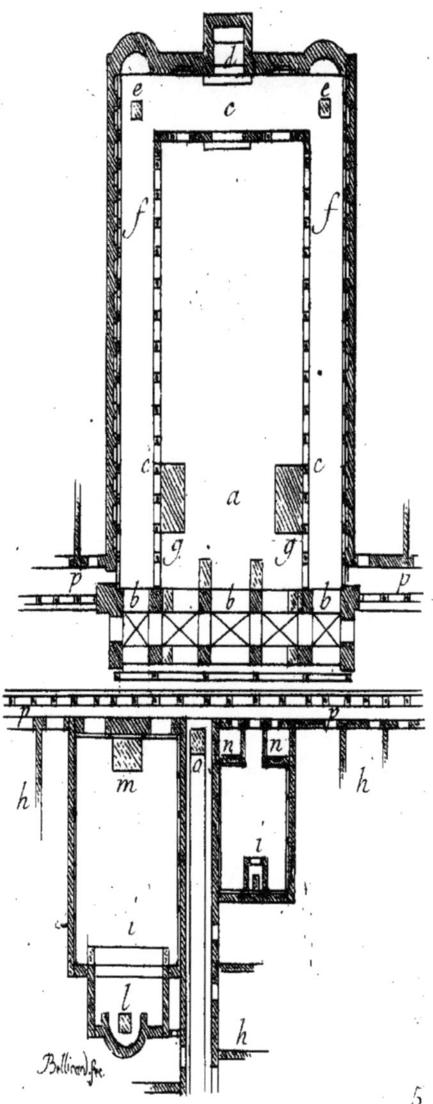
d
e
c
e
f
f
c
a
c
g
g
p
b
b
b
p
p
p
m
o
n
n
h
h
i
i
l
h
Bellicard sc.

avoit été autoriſé par quelques exemples, à lui donner une forme ovale. Quoiqu'il en ſoit, il eſt fâcheux qu'un monument auſſi entier que celui d'Herculanum, n'ait pu être aſſez dégagé des terres qui l'environnent pour en pouvoir établir la forme ſur des meſures exactes.

D'un Edifice Public, regardé comme le Forum de la Ville, & de deux Temples qui y ſont contigus.

Dans le progrès des fouilles, on a trouvé à quelque diſtance du Théatre une rue d'environ cinq à ſix toiſes de largeur, bordée des deux côtés par des colonnades *p*, qui ſervoient à mettre à couvert les gens de pied. L'une de ces colonnades conduiſoit à deux Temples *i m*, *i n*, ſéparés par une rue, à l'extrêmité de laquelle on voit le piédeſtal *o*. Les Temples étoient voiſins d'un grand édifice ſur le nom duquel on n'a pas été d'accord : les uns l'ont ap- Pl. 5.

pellé Chalcidique *, d'autres Forum.

Si l'on en croit Vitruve, les Chalcidiques étoient toujours placés à côté des Basiliques, ce qui ne se rencontre point ici : au contraire l'édifice qu'on y voit, étoit fermé de murs & environné de maisons particulières *h*, à l'exception des portiques *b*, communs aux trois édifices. Quoiqu'il en soit, le plan en est un quarré long, dans l'in-

* Le Chalcidique, selon Philander, étoit un lieu où l'on fabriquoit les monnoies, ou un édifice où l'on jugeoit les affaires qui concernoient cet objet. Cet Auteur se fonde sur l'étimologie du mot composé de Χαλκος, airain, monnoie, & de Δικη, justice : d'autres prétendent qu'au lieu de *chalcidica*, il faut lire *chalcidicon*, salle d'airain. Leon-Baptiste Alberti substitue *causidica* à *chalcidica*, & il entend par *causidica*, une salle où l'on plaide : on trouve dans Festus, que le Chalcidique fut une espèce de bâtiment que les habitans de Chalcis elevèrent les premiers.

Arnobe appelle Chalcidique la salle où l'on supposoit que les Dieux du Paganisme tenoient leurs festins. Barbaro & Baldus en font un édifice particulier, que Jules Cesar construisit en l'honneur de son père ; & ils citent Dion sur ce fait. Palladio embrasse le sentiment de Barbaro, & compare le Chalcidique à ce Tribunal placé dans le Temple d'Auguste, & decrit par Vitruve.

térieur duquel étoient élevés des portiques *c* fermés d'une part par des colonnes engagées dans le mur *ff*, & séparées par des niches, & de l'autre par des colonnes isolées formant un péristile autour de la grande cour, qui étoit de quatre marches plus basse que le niveau des portiques. Proche l'entrée de ces portiques on a rencontré deux espèces de grands piédestaux *g g*, appuyés contre les colonnes isolées, & à l'extrêmité de cet édifice, une espèce de sanctuaire *d*, où l'on montoit par trois dégrés ; il renfermoit un piédestal continu qui occupoit toute sa largeur. Sur ce piédestal étoient placées trois statues de marbre ; celle du milieu représentoit l'Empereur Vespasien, les deux autres étoient assises dans des chaises curules ; mais comme elles étoient *acéphales*, on ignorera qui elles pouvoient représenter, jusqu'à ce qu'on en recouvre les têtes. Aux côtés de cet enfoncement & sur la même ligne, on avoit pratiqué dans le mur deux niches circulaires *e e*, au devant desquelles on voit deux piédestaux qui portoient les figures de Néron & de Germanicus, en bronze : ces statues ont neuf pieds de proportion ; elles sont dans le cabinet du Roi à Portici, entre beaucoup d'autres, dont plusieurs sont de marbre.

Le fond des deux niches étoit orné de peintures à fresque ; & c'est de cet endroit qu'on a tiré les tableaux ceintrés du Thesée & de l'Hercule, dont nous parlerons ci-après. Sur les murs qui forment le fond du portique, dans les entre-colonnes *f*, étoient placées alternativement des figures de bronze & d'autres de marbre ; on n'a que quelques débris des premières, la chaleur des laves a apparemment fondu le reste. Le portique de l'entrée *b* étoit partagé en cinq parties égales ; celles des extrémités conduisoient aux portiques intérieurs ; chaque voûte de cette entrée étoit décorée d'une statue équestre. On n'en a recouvré que deux de marbre, l'une de M. Nonius Balbus, qu'on voit planches 24 & 25 ; c'eſt un des plus beaux morceaux de l'antiquité. Les piliers des portiques n'étoient point revêtus de marbre, mais les portiques en étoient entierement pavés.

Je n'ai rien remarqué de fort extraordinaire dans la diſpoſition des Temples. Leur plan eſt formé ſur un quarré long : le plus grand avoit ſon ſanctuaire à l'extrêmité, & l'autre au milieu : dans celui-ci, il étoit formé par un mur percé *i* d'une ſeule ouverture, vis à-vis de laquelle étoit placée la Divinité. Le petit Temple n'avoit qu'une entrée ; il y avoit aux deux côtés de la porte deux réduits *n n*, où l'on renfermoit les uſtenſiles des ſacrifices. Le plus grand avoit deux portes d'entrée, entre leſquelles s'élevoit un grand piédeſtal, qui portoit un char de bronze, dont on n'a recueilli que des débris. Ces deux Temples étoient voûtés, & leur intérieur étoit orné de colonnes, entre leſquelles il y avoit des peintures à freſque, & quelques inſcriptions en bronze.

Ces Temples étoient environnés de maisons *b* plus ou moins décorées de peintures. Quelques-unes étoient pavées de marbre de différentes couleurs; d'autres de mosaïques assez grossières, dans la composition desquelles il n'entre que quatre ou cinq espèces de pierres naturelles. Il ne reste presque plus rien de ces édifices particuliers qu'on puisse visiter ; la plupart ont été recouverts de nouveau des terres qu'on y a rejettées des autres endroits où l'on a fouillé. Je n'en ai parcouru qu'une très-petite partie, & le peu de colonnes que j'y ai trouvé renversées & mutilées étoient de briques revêtues de stuc, comme on le pratique encore dans toute l'Italie.

DES TOMBEAUX trouvés à Herculanum.

Pl. 6. Les ouvriers avoient conduit avec beaucoup de peine leurs travaux jusqu'où nous les avons suivis, lorsqu'ils arrivèrent à un mur fort épais, décoré de distance en distance de piédestaux

b. On voit en *a* la trace de leur chemin du côté d'un mur *c*, qui faisoit angle droit avec le mur *b*. Ils chercherent long-tems une entrée ; mais lassés de n'en point trouver, ils percèrent le mur qui se présentoit en face, & pénétrèrent dans le caveau *d* : après en avoir enlevé les terres, ils découvrirent au pourtour des banquettes *e*, décorées de niches, dans chacune desquelles il y avoit un vase *h* qui renfermoit des cendres. Le nom des personnes étoit peint en rouge assez négligemment au dessus de chaque niche. Le caveau long de douze pieds, & large de neuf, n'étoit ni décoré de peintures, ni revêtu de marbre, les briques étoient à joints apparens, & les banquettes ne s'élevoient que de trois pieds ; c'étoit, selon toute apparence, la sépulture d'une famille particulière. Il y avoit entre les niches un petit escalier *f*, par lequel on descendoit anciennement dans ce tombeau, ou qui conduisoit peut-être dans un grand édifice voisin comblé de terres que les ouvriers n'avoient point encore enlevées. On voit (*planche* 6.) le ſentier *a* pratiqué dans l'épaiſſeur des terres & des layes *g* qui couvroient une partie du petit eſcalier. Le goût de l'Architecture qui paroiſſoit au dehors du grand bâtiment, la beauté de ſes profils, autant qu'on en pouvoit juger par les piédeſtaux qui étoient découverts, tout annonçoit un morceau de quelque importance ; & je ne doute pas qu'on n'ait rencontré au dedans des rapports convenables aux beautés extérieures. On appercevoit dans ces différens édifices des parties qui avoient ſouffert, & dont les murs avoient fléchi, ou ſous le poids des matières, ou par la caducité de l'ouvrage, ou par les tremblemens de terre qui ſont fréquens dans ces cantons. Dans d'autres on voyoit avec admiration que rien n'avoit été ébranlé, & que quelquefois même des choſes très-fragiles n'avoient pas été dérangées. Les vaſes *h*, dont je donne ici les deſſeins, en ſont une preuve

a
g
g
c
e
L. AN. CO. X
h
b
g
f
e
b
b
a
c
g
e
d
g
e
e
Bellicard fec
h

preuve : une petite tuile qui servoit à les couvrir étoit restée sur leur orifice.

A quelque distance de là, on nous fit voir un puits dont l'ouverture extrêmement étroite étoit au plus du diametre d'un sceau ordinaire ; il y avoit de l'eau, & sa superficie pouvoit être à quarante ou quarante-cinq pieds de profondeur. Il est d'autant plus surprenant que ce puits n'ait pas été comblé, que depuis que l'on fait des fouilles dans cette ville, on n'a pas découvert une seule toise de terrein où les laves ne se soient introduites, soit que leur état de fluidité premiere leur ait permis de pénétrer par tout, lorsqu'Herculanum en fut submergé, soit que les matières qui se sont depuis accumulées sur cette ville, & qui forment aujourd'hui un solide d'environ quatre-vingt pieds d'épaisseur, ayent par leur compression foulé les matières inférieures. Au temps dont je parle, c'est-à-dire en 1750, on pouvoit aisément parcourir les lieux que je viens de décrire ; mais je ne réponds pas qu'ils ſoient aujourd'hui dans le même état ; car, comme je l'ai déja dit, on vuide, on remplit, & les ſouterrains préſentent tous les ſix mois une nouvelle face. Nous deſcendîmes en les parcourant dans quelques maiſons plus ou moins conſidérables ; lorſque les Ouvriers en ont trouvé l'entrée, ils pratiquent dans l'intérieur de petits ſentiers, & laiſſent de diſtance en diſtance des piles de terre qui ſoutiennent la charge d'en haut. Pluſieurs de ces maiſons étoient pavées à compartimens, tels qu'on en voit un, figure *a*, au haut de la planche 7. Les filets, & les grandes & petites bandes étoient de marbre de différentes couleurs ; il y en avoit de formés en triangles blancs & noirs, dont les ſommets ſe réuniſſoient au même point. Le milieu en étoit de briques parfaitement jointes : nous avons meſuré quelques-unes de ces briques, elles avoient trois pieds de longueur, ſix pouces d'épaiſſeur, ſur une largeur proportionnée : il y en a de cette

Pl. 7.

a
b
Bellicard. fec.

a
b
Bellicard. Fec.

eſpèce dans le Temple qu'on vient de découvrir à Pouzzol. Celles de la Piſcine admirable dont nous parlerons dans la ſuite, ſont de la même grandeur, & prouvent que cette meſure étoit aſſez ordinaire aux Anciens.

On voit, même planche, figure *b*, le deſſein d'un compartiment peint à freſque; les murs du Théatre & la plupart des maiſons d'Herculanum en étoient décorées dans leur intérieur : le fond en eſt noir, & les bandes jaunes.

J'ai repréſenté au bas de la planche 8 le deſſein d'un autre morceau d'enduit à compartimens peints de trois couleurs; les lozanges en ſont rouges, les bandes griſes, & les cercles d'un gris plus foncé, & rehauſſé d'une teinte forte pour en faire valoir les ombres. Beaucoup d'autres murs étoient peints en gris, avec des guirlandes, qui portoient des oiſeaux : tout ce qui avoit quelque mérite a été enlevé de deſſus ces murailles & tranſporté dans le cabinet du Roi des deux Siciles, qui ren- Pl. 8.

ferme une collection considérable de toutes sortes de morceaux dignes de la curiosité des connoisseurs.

De quelques meubles & autres curiosités trouvées dans la Ville d'Herculanum.

Les Temples que l'on a découverts dans le voisinage du *Forum*, & les dépouilles de plusieurs maisons particulières, ont enrichi le cabinet du Roi des deux Siciles de divers meubles & ustensiles que les Anciens employoient à des usages domestiques : ce que j'en vais donner dans les planches suivantes n'est qu'une petite partie d'une collection considérable qu'on voit à *Portici* dans le Palais de ce Prince.

Il y a un grand nombre de vases & de lampes ; celle dont je donne le plan
Pl. 9. & le profil (*planche* 9) est de terre cuite. Le bas-relief qu'on y voit, représente un chien qui prend un lièvre ; le *pourtour* en est orné d'un sep de vigne, & le *bec* de cannelures : d'autres petits

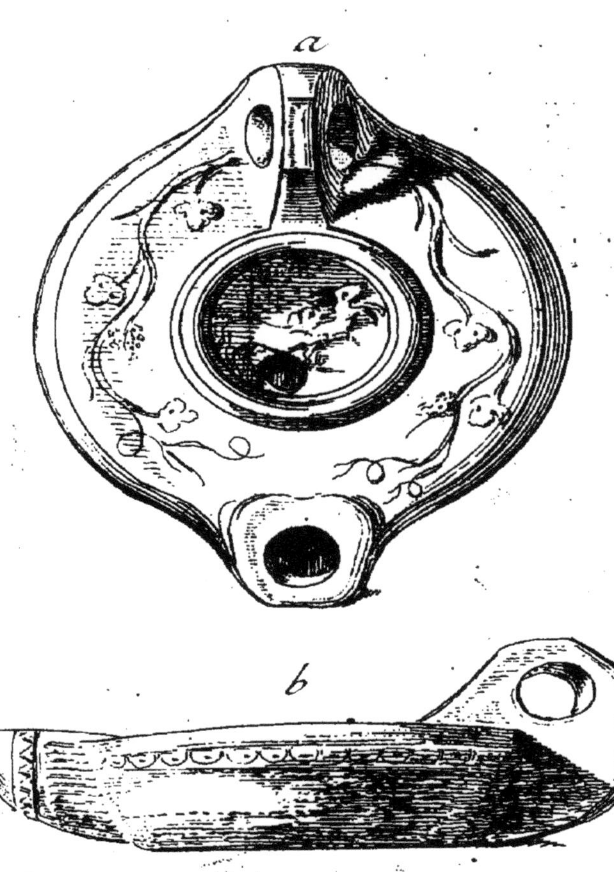

Bellicard. fec.

9

b

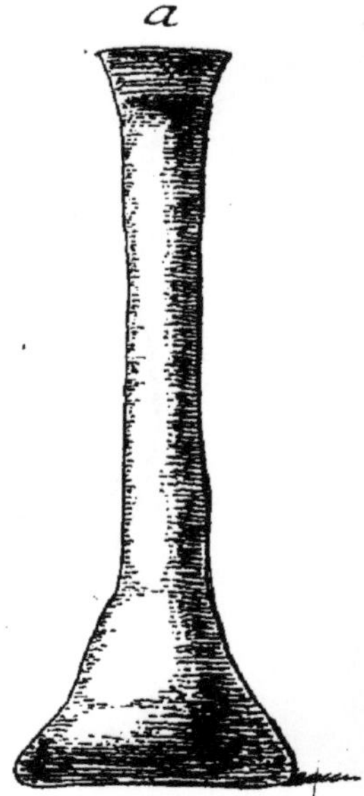
a

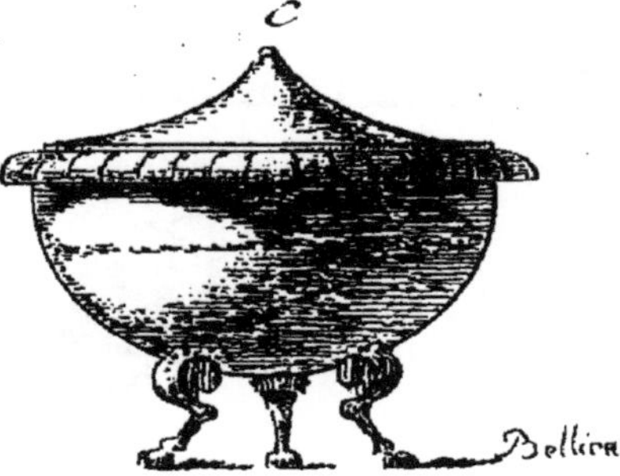
c
Bellirard fec.

travaux lui ſervent comme de bordure.

On a déja annoncé dans plus d'un livre, qu'on avoit tiré d'Herculanum du bled très-bien conſervé, & même un pain qu'on ne regarde pas comme une des moindres curioſités. Ce pain, quoique moiſi & à demi-brulé, n'a perdu ni ſa forme, ni l'empreinte des lettres dont il avoit été marqué : voyez-en le deſſein au bas de la planche 9, figure *c*. On a placé dans le même cabinet des filets pour la pêche, très-bien conſervés quant à leur forme, mais pareillement noircis par le feu ; & un étui de Chirurgien, dont tous les inſtrumens ont des manches de bronze, avec quelques ornemens d'un travail précieux.

La planche 10 offre deux petits lacrymatoires *a*, *b* ; le premier eſt de verre : on en a trouvé un grand nombre de la même forme, & beaucoup de bouteilles & de vaiſſeaux de la même matière. Le ſecond *b* eſt de terre cuite ; il differe du premier par la forme, mais il reſſemble à beaucoup d'autres Pl. 10.

qu'on a tirés des *Catacombes* de Rome. La figure *c* eſt un vaſe de bronze comme il y en a quantité d'autres à *Portici*, entre leſquels on en diſtingue un de la même matière, mais à double fond; on croit qu'il ſervoit à mettre du feu: il a trois branches qu'on prendroit facilement pour autant de tuyaux ou de petites cheminées. On voit encore dans le cabinet du Roi un autre vaſe de bronze, dont le col eſt enrichi de petits ornemens très-bien exécutés.

Pl. 11. La planche 11 offre le deſſein d'une table ou cuvette de marbre *a*; elle eſt montée ſur un pied en forme de balustre, dont les cannelures tournent en ſpirales: les ornemens & les moulures de la cuvette ſont d'un très-bon goût & d'un beau travail, ainſi que ceux d'une autre augette, ou petit vaſe quarré-long, porté ſur deux pieds. La figure *b* repréſente une eſpèce de trépied dont les Anciens ſe ſervoient dans les ſacrifices qu'ils faiſoient aux Dieux domeſtiques, celui-ci eſt briſé & à demi-

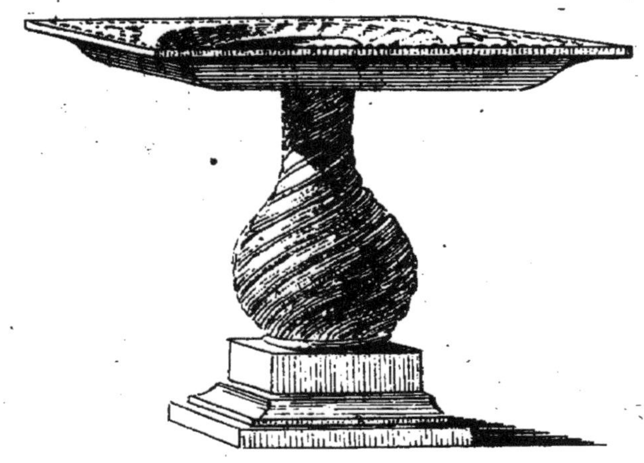

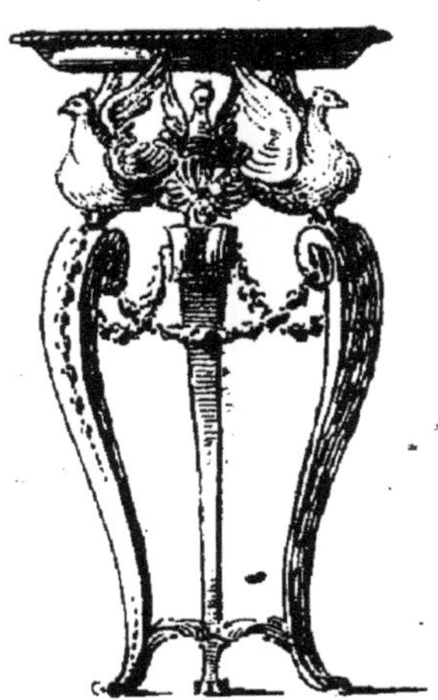

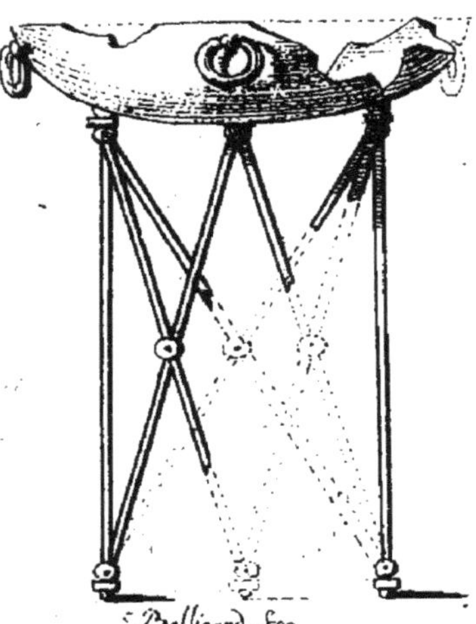

Bellicard fec.

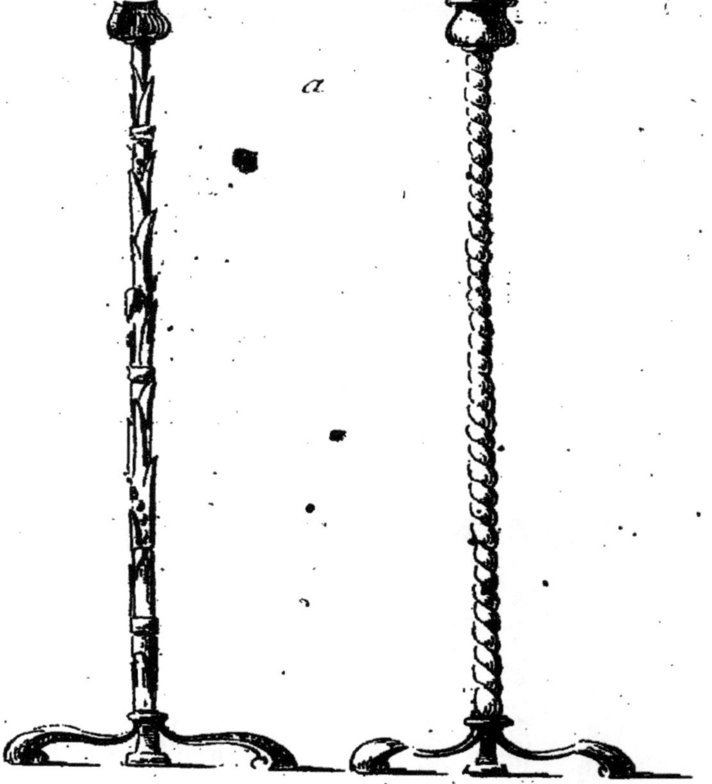
a

b
J Bellicard. fec.

ſondu : la plupart des uſtenſiles de bronze ou d'autre métal fuſible que l'on a trouvés dans ces ſouterrains, ſont à peu près dans le même état. Le trépied *c* eſt dans les appartemens du Roi ; les ornemens en ſont achevés & délicats : la cuvette eſt portée par trois eſpèces d'oiſeaux ou ſphynx aîlés qui ſont très-bien cizelés.

Les deux chandeliers *a* de la planche 12 ſont ſinguliers, & les premiers de cette eſpèce qui ayent été donnés juſqu'à préſent d'après des monumens exiſtans ; leurs ornemens ne le cèdent en rien par la perfection à ceux des autres uſtenſiles dont on vient de parler : leur hauteur eſt de quatre pieds & demi. La tige de l'un eſt tournée en ſpirale, & celle de l'autre eſt imitée d'une eſpèce de roſeau : entre les débris de bronze il y a beaucoup d'anſes de vaſes, dans le goût de celle que j'ai repréſentée, figure *b*. Pl. 12.

S'il m'avoit été permis de copier d'après nature toutes les curioſités qu'on

a tirées d'Herculanum, & que l'on voit dans le Palais du Roi des deux Siciles, j'aurois fourni aux amateurs d'antiquités des deſſeins de pluſieurs objets, dont je n'ai pu me rappeller aſſez exactement les formes pour leur en faire part; ils trouveront dans les deux planches ſuivantes ſeulement quelques vaſes qui m'ont plus frappé que les autres. La figure *a*
Pl. 13. (*planche* 13) repréſente un vaſe de terre cuite ſervant aux ſacrifices; les vaſes *b* & *c* ſont de bronze : il y en avoit beaucoup d'autres ſur les mêmes proportions. La figure *d* eſt une anſe de vaſe, dans le goût de celle de la planche précédente. Les vaſes déſignés par les lettres *a* & *b* (*planche* 14) ſont auſſi de bronze : le premier ſervoit vraiſemblablement aux libations; il ne peut tenir debout. Les figures *c* & *d* repréſentent des fragmens de peinture, où l'on voit deux petits vaſes : leur couleur eſt vraie, & le tranſparent en eſt bien rendu : les uſtenſiles *e*, *f*, *g* paroiſſent avoir ſervi aux uſages domeſtiques de quelques parti-

J.Bellicard. fec.

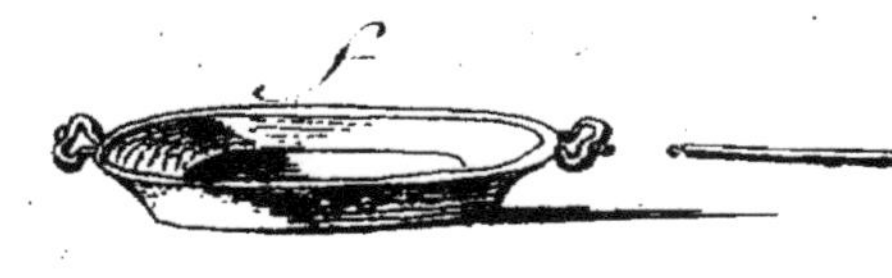

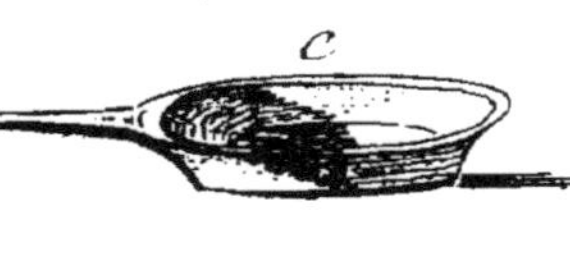

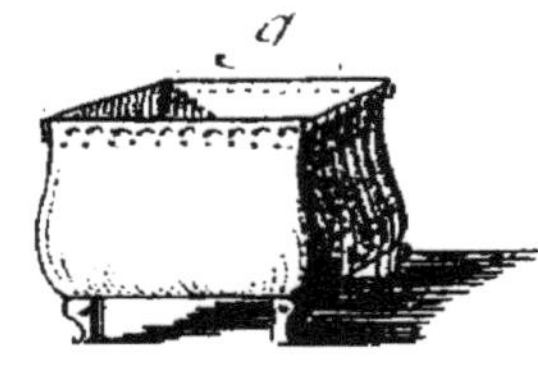

Bellicard. fec.

culiers. Outre ce nombre de vases de différentes formes dont je viens de parler, & quelques-uns de terre Etrusque d'un beau contour, & tels que ceux qu'on voit à la Bibliotèque du Vatican à Rome, on a encore trouvé à Herculanum plusieurs grands pieds de siéges plians, exécutés en bronze & faits en *S*. Tous les ustensiles que j'ai vus ne sont que de terre ou de bronze; & il est singulier qu'entre tant de morceaux, il n'y ait en fer qu'un gril, tel que ceux dont nous nous servons. Ce seroit m'écarter de mon sujet que de hazarder des réflexions là-dessus; je n'avois pour but en voyant les objets, que de les rendre en gravure le plus fidelement qu'il me seroit possible: je crois m'en être acquité, & j'abandonne à d'autres les dissertations dont ces matières peuvent être susceptibles.

SECTION SECONDE.

OBSERVATIONS

Sur les Peintures d'Herculanum.

LES Peintures de différens genres qu'on a trouvées à Herculanum ont excité la curiosité des Antiquaires & des Amateurs ; ainsi j'ai lieu de croire qu'ils en entendront parler avec plaisir par un homme de l'art qui les a bien examinées, & qui auroit mieux aimé n'en rien dire que d'en juger avec prévention. Il s'exprimera d'autant plus librement qu'il prétend moins dire ce qu'elles sont que ce qu'elles lui ont paru ; les planches qu'il a joint à son discours pour en faciliter l'intelligence, ont été gravées d'après des desseins faits de mémoire : cependant elles rendent avec assez d'exactitude la composition des sujets & même les principaux défauts que l'on peut reprocher aux originaux.

Quelques sujets d'histoire dont les

Pl. 15.
Pa. 35.

15.

figures ſont preſque de grandeur naturelle, ſont les morceaux les plus importans.

Tableaux d'Hiſtoire.

La planche 15 repréſente Théſée vainqueur du Minotaure. Théſée eſt debout, nud; il a ſeulement une draperie ſur l'épaule & ſur le bras gauche : de jeunes Atheniens lui baiſent les mains & lui embraſſent les genoux. Le Minotaure, déſigné par un homme à tête de taureau, paroît renverſé à ſes pieds : on voit une figure de femme ſur un nuage; elle porte un carquois ſur le dos, & elle a beaucoup de rapport avec Diane. Ce tableau eſt froidement compoſé; on en prendroit les principales figures pour des imitations de ſtatues, ſur tout celle de Théſée. Les deux enfans qui lui embraſſent, l'un le bras droit, l'autre la jambe gauche, ont des attitudes fort uſitées dans les bas-reliefs antiques; les autres tiennent moins du bas-relief, principalement celle du Minotaure que l'on voit en racourci. Le Théſée eſt Pl. 15.

médiocrement deſſiné, ſans ſçavoir & ſans fineſſe ; la tête ſeulement en eſt aſſez belle & d'un bon caractère. Les autres figures ne ſont pas d'un meilleur goût de deſſein ; cependant on peut dire que la manière de ce tableau eſt en général grande, & le pinceau facile : au reſte l'ouvrage eſt peu fini, & ne peut être regardé que comme une ébauche avancée.

Pl. 16. Les figures du tableau dans la planche 16 ſont de grandeur naturelle ; il repréſente une femme aſſiſe appuyée ſur le bras droit, & tenant un bâton de l'autre main. Elle eſt couronnée de fleurs & de feuilles, qui paroiſſent mêlées de quelques épis de bled : elle a à ſa droite un pannier de fleurs, ce qui fait préſumer qu'elle repréſente Flore. Derrière elle on voit un Faune qui tient une flûte à ſept tuyaux ; il a un bâton recourbé en forme de croſſe. Un homme debout & vu par le dos, eſt placé devant elle : on croit que c'eſt Hercule. En effet, ſon carquois eſt recouvert d'une peau de

Pl. 16.
Pa. 36.

16.

lion ; il regarde un enfant qui tette une biche : la biche caresse cet enfant, & lève la jambe de derrière pour lui donner plus de facilité. Entre l'Hercule & l'enfant on voit un aigle, les aîles à demi-déployées ; de l'autre côté d'Hercule, un lion en repos ; & au dessus sur un nuage, une figure de femme qui représente quelque divinité.

Ce tableau ne paroît être qu'un camayeu de couleur rousse, dont les draperies sont à peu près de la même couleur que les chairs ; celles-ci cependant paroissent avoir quelques variétés de tons, & semblent approcher de leur vrai coloris. Ce tableau est mal dessiné, & marque peu de connoissance des formes & des détails de la nature. Les têtes sont médiocres, & les mains mauvaises ; les pieds ne sont pas plus corrects. L'enfant est estropié & écarte les cuisses avec un excès qui n'est pas dans la nature ; il a les reins beaucoup trop larges. La femme a de grands yeux qui ne sont ni semblables, ni vis-à-vis l'un de l'autre : le blanc en eſt trop crud & ſans rondeur. La figure du Faune eſt aſſez belle, elle a du caractère; à l'égard des animaux ils ſont fort mal rendus, ſur tout l'aigle & le lion. Ce tableau paroît être de la même main que le précédent ; il a la même facilité : la touche en eſt hardie , & il eſt auſſi peu fini.

Pl. 17. La planche 17 repréſente le Centaure Chiron qui enſeigne à Achille à jouer de la lyre. Le Centaure eſt aſſis ſur ſa croupe , & embraſſe le jeune homme; il fait ſonner la lyre qu'Achille touche en même temps, & qui eſt pendue à ſon col. On voit derrière ces figures un fond d'Architecture; les moulures de la corniche en ſont fort mal rendues & peintes avec du rouge , de façon qu'elles reſſemblent à une étoffe. Ce tableau, à peu près ſemblable de manière à ceux dont je viens de parler, eſt encore aſſez mal deſſiné : les muſcles de l'eſtomach & des bras du Centaure ne ſont ni juſtes ni bien rendus : les bras ſont d'ailleurs de mauvaiſe forme,

Pl. 17.
Pa. 38.

17.

Pl. 18.
Pa. 39.

18.

quant au contour extérieur. Les jambes de derrière qu'il a ployées ſous lui, ne ſont pas d'un bon choix, & font par conſéquent un mauvais effet. La figure d'Achille eſt meilleure ; elle eſt mieux enſemble, & le contour en eſt aſſez coulant ; ce qui vient ſans doute de ce que c'eſt une imitation de quelque belle ſtatue : ſon attitude donne lieu de le ſoupçonner. Cependant cette figure n'eſt pas mal peinte ; les demi-teintes conduiſent aſſez moëlleuſement de la lumière à l'ombre, & elles ont de la vérité, quoique dans un ton fort gris.

On voit dans la planche 18 un tableau que l'on dit à Naples repréſenter le jugement d'Appius Claudius. Le Décemvir eſt aſſis & ſe touche le front avec le doigt ; derrière on apperçoit une femme qui l'embraſſe du bras droit, & qui ſemble le retenir de la main gauche. Au milieu & ſur le devant du tableau eſt une figure d'homme, aſſiſe & vûe par le dos, qui tient de la main gauche un papier. A ſa droite on voit une vieille Pl. 18.

femme qui a le doigt ſur ſa bouche, & derrière cette figure, & ſur un plan plus éloigné, un homme dans l'âge viril, dont le viſage exprime de la douleur, mais foiblement. A côté il y a une autre figure de femme ; enfin dans le fond du tableau, on voit une femme poſée comme une ſtatue, qui paroît être Diane ; cependant elle eſt colorée, & ſa draperie eſt verte. Toutes les têtes de femme ſont coëffées d'un voile qui ne leur couvre pas la naiſſance des cheveux, & elles en ont deux boucles qui pendent le long des joues. La figure du Décemvir a les cheveux courts ; cependant elle a auſſi ces boucles, mais elles ſont plus courtes.

Ce tableau paroît d'autre manière, mais encore moins bonne que celle des précédens ; le *faire* en eſt peſant & froid, & la couleur en eſt plus mauvaiſe : le dos qui n'eſt couvert d'aucune draperie, eſt d'une couleur de brique noirâtre juſques dans les lumières. Il eſt d'ailleurs tout-à-fait mal deſſiné, les hanches

Pl. 1[illegible]
Pa. 41[illegible]

19.

hanches ſont auſſi larges que les épaules : enfin les figures n'ont aucune nobleſſe, & ſi l'on y remarque quelques têtes touchées avec un peu plus de hardieſſe, elles n'ont pas de beaux caractères.

Il y a quelques autres tableaux dont les figures ſont à peu près de grandeur naturelle ; tel eſt celui où l'on voit ſur Pl. 19. le devant trois demi-figures de femmes, & dans le fond une d'homme qui paroît dans l'eau juſqu'à la poitrine, & qui tient de la main gauche un bâton recourbé : on prétend que c'eſt le jugement de Pâris.

Un autre tableau qui repréſente (à ce que l'on croit) Chiron enſeignant Achille. Dans celui ci Chiron n'eſt point un Centaure, mais un homme âgé. Achille (ou celui que l'on prend pour tel) paroît n'avoir que quinze ans, & tient deux flûtes.

Un autre tableau qu'on dit repréſenter Hercule enfant, qui étouffe deux ſerpens. En effet on voit à terre un enfant très-vilain & très-mal compoſé, qui tient deux ſerpens. Un homme aſſis & vêtu eſt à la droite du tableau ; il a derrière lui une femme, & à ſa gauche un vieillard qui tient un enfant dans ſes bras.

Dans un tableau dont les figures ont environ un pied & demi de hauteur, on voit Hercule enfant, qui lutte d'une main contre un Satyre. L'Hercule & le Satyre ſont d'une ſi petite proportion en comparaiſon des autres figures, qu'ils en ſont ridicules.

On voit encore quelques autres tableaux dont les figures ſont grandes ; ma mémoire ne me les rappelle point, mais ceux que je viens de citer ſont les plus importans, & c'eſt ſur eux qu'on peut aſſeoir un jugement plus ſolide.

En général leur coloris n'a ni fineſſe, ni beauté, ni variété ; les grands clairs y ſont d'aſſez bonne couleur, & les demi-teintes de la même couleur depuis la tête juſqu'aux pieds, d'un gris jaunâtre ou olivâtre, ſans agrément ni variété. Le rouge domine dans les ombres dont le ton eſt noirâtre ; les ombres des draperies ſur tout n'ont point de force, mais la peinture à freſque ou à la détrempe eſt ſujette à cet inconvénient. Un autre défaut qu'on pourroit reprocher également à beaucoup de freſques, même des meilleurs Maîtres d'Italie, c'eſt que la couleur des ombres n'eſt point rompue, & qu'elle eſt la même que celle des lumières, ſans autre différence que d'avoir moins de blanc. Au reſte il ne paroît pas qu'on puiſſe attribuer la foibleſſe de couleur de ces tableaux à une altération cauſée par les temps ; du moins ils paroiſſent frais & bien conſervés à cet égard. La façon de peindre en eſt le plus ſouvent par hachures, quelquefois fondue ; ils ſont preſque tous très-peu finis, & peints à peu près comme nos décorations de théatres : la manière en eſt aſſez grande, & la touche facile ; mais elle indique plus de hardieſſe que de ſçavoir.

Après avoir décrit les tableaux qui ſont les plus conſidérables par la grandeur de leurs figures, & par les ſujets qu'ils repréſentent, je vais parler de quelques autres, dont le genre & les proportions ſont inférieures ; mais ſans détailler leur manière. Je me contenterai de donner une idée de ceux qui m'ont paru ſe diſtinguer par leur compoſition ou leur exécution.

Tableaux de petites figures.

Il y en a pluſieurs dont les figures ſont de grandeur demi-naturelle & au deſſous ; la plupart médiocres, ordinairement les têtes ſont ce qu'il y a de mieux. On y découvre un caractère aſſez grand, qui ſe reſſent de ce que nous appellons *l'antique* : la touche plus hardie en eſt ſoutenue par un coloris plus vif que le reſte du tableau : pluſieurs, & ce ſont
Pl. 20. les meilleurs, ont pour ſujet une femme ſaiſie par un Satyre. On remarque un autre petit tableau d'Ariane abandonnée, dont les figures ont environ un pied ; il eſt de bonne couleur, correct, & il a de l'effet.

Deux tableaux curieux par les ſujets

Pl 20 pa 44

Pl.21

b

Belliard fec.

21

qu'ils repréſentent ; ce ſont deux Sacrifices Ægyptiens, dont les figures ont environ un pied de proportion. Sur le devant de l'un de ces tableaux on voit un autel, à côté duquel ſont deux oiſeaux qui ne peuvent être que deux Ibis ; un vieillard met ſur l'autel quelque choſe que l'on ne peut diſtinguer. Plus loin ſont deux grouppes de figures rangées parallellement : au milieu de ces deux grouppes eſt une figure d'homme vêtu de blanc, & tenant une épée, autant qu'il eſt poſſible d'en juger. Dans le fond on apperçoit trois figures, dont les mains ſont appuyées ſur la poitrine, & cachées ſous une grande robe blanche qui deſcend juſqu'aux pieds. Le fond du tableau eſt terminé par une arcade, & ſymétriquement il y a de chaque côté un ſphinx & un palmier. Pl. 21 & 22.

L'autre tableau repréſente à peu près le même ſujet, avec cette différence, qu'au lieu d'un homme auprès de l'autel il y en a deux qui ſont courbés, & dont je n'ai pu diſtinguer l'action, (car ces tableaux ne ſont que des ébauches très-informes). On ne voit point dans celui-ci l'homme qui tient l'épée, ni les trois figures ou eſpèces d'acolythes dans le fond; mais à leur place on diſtingue une figure d'homme noir, qui paroît danſer ou geſticuler. Ces deux tableaux d'ailleurs ſont très-mauvais; la perſpective en eſt fauſſe, à vûe d'oiſeau, & ſans diminution, à peu près dans le goût de celle que nous appellons perſpective *militaire*.

Tableaux d'animaux.

On a découvert auſſi à Herculanum un très-grand nombre de tableaux d'animaux, d'oiſeaux, de poiſſons, de fruits, &c. de grandeur naturelle. Ces morceaux ſont les meilleurs; ils ſont faits avec goût & avec facilité; mais ils ſont pour la plupart peu finis, & ils n'ont pas toujours toute la rondeur, ni l'exactitude néceſſaire. Je vais en citer quelques-uns qui m'ont paru aſſez vrais de couleur & d'effet, quoiqu'ils man-

Pl. 22 a pa. 46

d

Bellicard. fec.

22

d

c

f

Bellicard. fec.

quent de force dans ces deux parties.

Un de ces tableaux représente une bouteille de terre, sur le goulot de laquelle est un vase renversé : ce verre est de la forme de nos gobelets, mais plus court. Pl. 23.

Dans un autre on voit un verre à deux anses ; il est à moitié rempli de vin blanc, & une bouteille de verre dans laquelle il y a de l'eau, qui ne peut être mieux rendue. V. la pl 14. fig. 2.

Dans un troisième un livre composé de deux rouleaux, & un autre ustensile qui m'a paru un porte-feuille, assez semblable à ceux dont nous faisons usage : ces trois morceaux sont fort bons.

Quelques-uns représentent du gibier. On voit entr'autres un canard plumé, dont la vérité ne peut être plus grande ; des fruits, un pain de la même forme que celui que l'on a trouvé en nature, &c.

On a trouvé aussi de plus petits tableaux d'animaux : quelques-uns repréſentent des eléphants; le plus diſtingué par ſa beauté eſt un tigre de la grandeur de cinq à ſix pouces.

Il y a un autre tableau qui n'a pour lui que la ſingularité du ſujet; car on y voit un oiſeau reſſemblant à un perroquet, attelé à un petit char, une ſauterelle ſur le devant du char tient les rênes & ſert de cocher.

V. la pl. 20. fig. *a*.

Les meilleurs de ces tableaux ſont ceux dont les figures n'ont de hauteur que depuis quatre pouces juſqu'à ſept ou huit, & le nombre en eſt grand; ils ſont compoſés dans le goût de bas-relief & ſans aucun racourci. La plupart ne repréſentent qu'une ſeule figure; tantôt c'eſt une femme dans les airs; un Centaure qui porte une femme ſur ſon dos, &c. Ces figures ſont colorées ſur un fond plat, d'une ſeule couleur, rouge ou autre. Elles ſont touchées avec beaucoup d'eſprit & de goût; ſouvent même la couleur en eſt très-bonne. Quelques-uns ſont curieux, en ce qu'ils repréſentent des figures vêtues, ſelon

V. pl. 21, fig. *b*.

V. fig. *d*. pl. 22.

ſelon la mode du temps, travaillant à un métier, ſoit de Menuiſier, Cordonnier, &c. & que les outils de leur profeſſion paroiſſent repréſentés avec exactitude : on y voit auſſi des danſeurs de corde.

En général, les enfans qui ſont peints dans ces tableaux ſont aſſez juſtes de deſſein ; mais ils n'ont point ces graces que *Pietro Teſta* leur a données dans ſes tableaux, & *François Flamand* dans ſes modèles.

On voit ſur pluſieurs de ces tableaux des maſcarons groteſques qui repréſentent des vieillards ou différens maſques, principalement de ceux qui ſervoient au théatre. On remarque des galères dans quelques autres ; au premier aſpect on croit y voir deux rangs de rames, la premiere n'étant point parallelle avec la ſeconde ; mais on diſtingue aiſément la vérité quand on les conſidère avec attention.

V. la fig. c. pl. 20.

Quelques-uns de ces tableaux repréſentent des chimères & des figures de

E

fantaisie, d'hommes & de femmes, qui se terminent en queues d'oiseaux.

Le plus grand nombre de morceaux encore plus petits, est peint avec une couleur de rouge pur, sur des fonds d'une autre couleur.

V. la pl. 8. fig. a. Les tableaux d'Architecture ou de ruines sont en grand nombre, mais ils ne méritent aucun éloge. Ces compositions sont tout-à-fait hors des proportions de l'Architecture Grecque; les colonnes y sont en général d'une longueur double ou triple de leur mesure naturelle. Les moulures des corniches, des chapiteaux & des bases, très-mal profilées, tiennent du goût des mauvais Gothiques: la plupart des Arabesques mêlées d'Architecture sont aussi ridicules que les desseins Chinois; il en faut cependant excepter deux ou trois tableaux qui sont d'une couleur assez agréable, quoique sans beaucoup de vérité, & dans lesquelles le paysage est d'une touche assez facile.

On peut accorder la même grace à

quelques morceaux d'ornemens mêlés de feuilles de vigne ou de lierre. En général, ce qui eſt d'après nature eſt aſſez bon : on ne peut en dire autant de ce qui eſt fait d'imagination ; il y a de la gradation ou du fuyant dans ces tableaux, & l'Architecture s'y trouve en quelque façon miſe en perſpective, mais d'une manière qui prouve que les auteurs de cette compoſition n'en ſçavoient point la règle. Les lignes fuyantes ne tendent pas à beaucoup près aux points où elles doivent ſe réunir ; il y a des objets vus en deſſus, & d'autres en deſſous ; mais il faudroit pluſieurs horizons fort diſtans les uns des autres pour les accorder. Enfin on y voit une idée de la diminution des objets, mais ſans aucune connoiſſance des règles invariables auxquelles elle doit être aſſujettie ; il n'y a preſque point d'intelligence, ni d'effets de la lumière.

Je crois devoir placer avec les peintures quelques camayeux ſur des fonds de marbre blanc ; ils ont dix-huit pouces ou environ : on les a mis sous des verres pour les conserver. Ces morceaux ressemblent parfaitement à des desseins au crayon rouge, & sont hachés en quelques endroits comme un dessein : il y en a un qui paroît représenter Hercule & le Centaure Nessus.

On voit sur un autre trois figures comiques, dont une paroît avec une perruque, ou des cheveux qui descendent sur la poitrine, coëffée comme les Marquis du temps de Molière : ces deux desseins sur marbre tiennent du goût antique pour les habillemens & le jet des draperies ; mais ils sont incorrects ; d'ailleurs les contours en sont durs, & beaucoup trop marqués.

Un troisième camayeu paroît beaucoup meilleur ; malheureusement il est presque effacé, mais les figures qu'on y découvre, quoique très-indécises, sont de bonne forme & d'un ensemble correct.

La sculpture que l'on a trouvée dans cette ville souterraine est très-supérieure à la peinture.

Balli cond. fec

Le principal & le plus beau morceau qu'on en ait tiré, est la statue équestre de marbre blanc, qui représente *Nonnius Balbus*. C'est un jeune homme armé d'une cuirasse qui ne descend pas tout à fait jusqu'aux hanches ; il a sous cette cuirasse une espèce de chemise sans manches ; elle lui couvre seulement les épaules, elle passe par dessous la cuirasse, & finit au tiers des cuisses. Un manteau qu'il porte sur l'épaule & sur le bras gauche, ne lui laisse à découvert que la main dont il tient la bride du cheval ; cette bride est fort courte. Il a les cuisses & les jambes nûes, à la réserve des brodequins qui ne montent guères au dessus du coude-pied, sur lequel ils sont noués par deux cordons. Pl. 24. & 25.

Cette figure est de la plus grande beauté ; la simplicité avec laquelle elle est dessinée ne la rend pas si frappante ni si belle, au premier coup d'œil, qu'elle paroît après un examen attentif. La tête est admirable, & la figure est de la plus grande correction ; le contour en eſt pur & fin : les ajuſtemens ſont d'une manière ſimple & grande. Quoique le cheval ſoit auſſi très-beau, & que ſa tête ſoit pleine de vie & de feu, il eſt cependant inférieur à la figure de l'homme, & il eſt plus maniéré.

Il eſt vrai que cette manière eſt belle & grande. Les canons des jambes de devant, ainſi que le ſabot & la jointure du pied, m'ont paru d'une proportion un peu longue.

On a découvert une autre ſtatue équeſtre également de marbre ; mais je n'ai pu la voir, on travailloit à la reſtaurer.

Herculanum a fourni onze ou douze figures de marbre blanc de grandeur naturelle, ou même plus grandes : ces morceaux, ſans être du premier ordre, ont cependant de la beauté. Leurs draperies ſont travaillées avec beaucoup de goût & de délicateſſe, & d'une manière qui tient moins du linge mouillé que pluſieurs autres ſculptures antiques Romaines ; mais les têtes ſont preſque

Pl. 25

pa. 54

25

toutes aſſez médiocres.

On voit dans le même lieu qui renferme ces tréſors, ſept ou huit figures de bronze, entre leſquelles on en diſtingue une beaucoup plus grande que le naturel : on croit qu'elle repréſente Jupiter. La tête & le corps ont été applatis par le poids de la lave ; & quoique cet applatiſſement faſſe tort à ces parties, on y découvre encore des beautés. Les jambes ſont mieux conſervées & très-belles, de grand caractère, & d'une nature ſemblable à celle du Faune antique qui tient Bacchus enfant. Une de ces figures repréſente un Conſul, & une autre paroît avoir eu des yeux d'un autre métal ; car on apperçoit les trous dans leſquels ils étoient incruſtés, ce qui fait un effet déſagréable, & n'en a jamais pu produire un bon ; mais cet uſage a été pratiqué fréquemment dans l'antiquité.

Les figures de bronze en général ſont recommandables, quoiqu'elles ne ſoient pas de la premiere beauté.

On a auſſi trouvé pluſieurs fragmens d'une ſtatue équeſtre de bronze, qui a été briſée ou fondue : la tête du cheval & les jambes de l'homme, qui ſubſiſtent, & qui ſont plus entieres, font regretter ce qui n'exiſte plus, & donnent lieu de juger que c'étoit un bon ouvrage.

Il y a de plus quelques têtes de marbre ou de bronze qui ne ſont pas ſans mérite.

On voit dans les appartemens du Roi des deux Siciles quelques petites ſtatues antiques, d'un pied & demi ou environ de proportion; elles font aſſez de plaiſir, principalement une petite *Venus*, ſemblable à celle que nous connoiſſons ſous le nom de *Venus de Médicis*.

Une autre Venus habillée depuis la ceinture juſqu'aux pieds, qui eſt fort bien.

Une figure que l'on croit un *Bacchus*; elle eſt de grande manière, & d'un contour ſçavant.

On a auſſi découvert quelques bas-reliefs de marbre blanc ; le plus beau représente un vieillard faisant des libations sur un autel. Au milieu est une femme assise & voilée, & derrière elle une autre femme debout. V. la pl. 23. fig. d.

Un autre petit bas-relief, dont les figures ont environ dix pouces de haut : il est moins beau, pour l'ouvrage, que le précédent, mais il est curieux pour le sujet. C'est une scène comique ; les acteurs ont leurs masques sur le visage ; mais je n'ai rien compris au fond, qui apparemment représente la décoration du théatre.

Un troisième bas-relief, dont les figures ont environ deux pieds de proportion, n'a rien qui mérite considération.

Voilà ce dont j'ai conservé le souvenir ; il se peut faire que j'aye oublié des choses plus importantes que celles dont je viens de parler : je peux m'être trompé quelquefois, mais je ne crois pas mes erreurs bien considérables. Je n'ai jugé que de ce qui s'est présenté distinctement à ma mémoire ; & tout ce que j'ai dit a été écrit en ſortant d'admirer ces curioſités , & après les avoir examinées à trois différentes repriſes.

J'ai cru pouvoir communiquer au Public ces jugemens , dont le but eſt d'augmenter dans tous les amateurs de l'Europe le deſir d'avoir une connoiſſance plus particulière de ces morceaux , & de poſſéder la deſcription qu'on en fait par ordre du Roi des deux Siciles ; ce qui ne peut manquer d'être digne de leurs empreſſemens.

Il ſemble qu'une collection auſſi nombreuſe de peintures antiques auroit dû nous éclairer , autant qu'il étoit poſſible , ſur le dégré de perfection où l'on prétend que les Anciens ont porté les différentes parties de la Peinture.

Cependant , parmi tant de morceaux , peut-être auroit-on de la peine à en trouver un ſeul qui pût juſtifier les éloges qu'on a prodigués aux grands Maîtres qu'ils ont eus en ce genre , & dont ils ont immortaliſé les noms. Il y a toute apparence qu'ils ne ſont pas de ces mains ſi vantées : en effet, comment ſuppoſer que dans un ſiecle rempli d'excellens Sculpteurs, on eut de la conſidération pour des Peintres ſi foibles dans le deſſein ? Herculanum étoit une ville ancienne, mais peu conſidérable ; il étoit poſſible qu'il n'y eut pas un ſeul grand Artiſte. Il en étoit des Provinces de l'Empire Romain ainſi que des nôtres ; il n'y a quelquefois pas un homme habile dans toute une contrée ; les amateurs y ſont encore plus rares. D'ailleurs les peintures dont il s'agit étoient ſur les murailles d'un théatre ou d'autres lieux publics, dont la peinture n'avoit été ſans doute regardée que comme de ſimples embelliſſemens, pour leſquels on n'aura pas voulu faire la dépenſe qu'ils entraînent quand on fait choix des meilleurs Artiſtes.

Quoiqu'il en ſoit, le Théſée & les autres tableaux de grandeur naturelle ſont foibles de couleur & de deſſein ; il y a peu de génie dans leur compoſition,

& toutes les parties de l'art y ſont dans une médiocrité à peu près égale. Le coloris n'y a preſque point de variétés de tons : on n'y voit aucune intelligence du clair obſcur, c'eſt-à-dire des changemens que ſouffrent les couleurs par la diſtance des objets, par la réflexion des corps qui en ſont voiſins, & par la privation de la lumière. Ils ne préſentent nulle part l'art de compoſer les lumières & les ombres, de manière qu'en s'approchant ou en ſe grouppant elles deviennent plus grandes, ou produiſent des effets plus ſenſibles. Chaque figure a ſa lumière & ſon ombre, & je n'ai point remarqué qu'aucune figure portât ombre ſur l'autre; ce qui ne ſeroit encore que les premiers élémens d'une compoſition deſtinée pour l'effet : les ombres ne ſont point reflettées, ou le ſont également depuis le haut juſqu'en bas. Les couleurs conſervent trop leur pureté, & ne ſont point rompues comme elles le devroient être par la privation de la lumière; elles ne partiçipent point de la réflexion des objets prochains. En un mot on n'y apperçoit rien qui puiſſe prouver que les Anciens ayent porté l'intelligence de la lumière au dégré où elle eſt parvenue dans les derniers ſiécles.

Quant à la compoſition des figures, elle eſt froide, & paroît plutôt traitée dans le goût de la Sculpture, qu'avec cette chaleur d'imagination dont la Peinture eſt ſuſceptible.

Cependant ſur quelques figures qu'on y voit compoſées un peu en raccourci, on peut ſuppoſer que l'art des raccourcis avoit été porté plus loin par les habiles Peintres de ce tems; mais il n'y a rien qui décide s'ils ont connu l'agrément que donne à la peinture la richeſſe & la variété des étoffes: on acheve ſeulement de ſe convaincre que la manière de draper à petits plis, pratiquée dans les ſtatues, n'étoit pas générale, & qu'il y avoit d'autres manières plus larges. Je dis, *on acheve de ſe convaincre*, parce qu'on avoit déja cette connoiſſance par plusieurs sculptures antiques, qui sont drapées plus larges & avec de plus grosses étoffes.

Malgré la médiocrité des grands morceaux, on y remarque cependant une manière de dessein assez grande & un *faire* qui prouvent que ceux qui les ont peints avoient appris les élémens de l'art dans une bonne école, & sous des Maîtres qui opéroient facilement. Si les tons du coloris ont peu de variété, c'est assez le défaut des élèves; la plus belle manière de peindre, celle qui est propre à l'Histoire, engage à marquer légerement les détails dans les jours & dans les ombres, & à faire ensorte que la variété des tons soit à peine sensible, pour ne point interrompre la grandeur des masses. Les éleves ne voyant point encore tout le sçavoir caché par ces artifices, se contentent d'imiter avec deux ou trois tons cette variété presqu'imperceptible, que l'habile Artiste sçait mettre dans les passages de la lumière à l'ombre. Ils tombent dans le même défaut par rapport à la façon de dessiner les formes de la nature. Les bons Dessinateurs les traitent de manière que quoique le premier aspect ne présente que de grandes parties & de grands contours, cependant les yeux intelligens y découvrent jusqu'au moindre détail. Je crois donc que l'on peut reprocher aux Auteurs de ces tableaux une grande ignorance de dessein ; car si l'on y trouve d'assez bonnes formes en général, il faut convenir qu'il n'y a ni justesse ni finesse dans le détail.

Les choses faites d'après nature, telles que les vases, les fruits, le gibier, &c. sont peints avec assez de vérité ; mais ces imitations de corps immobiles sont beaucoup plus faciles : cependant on ne remarque point dans ces tableaux l'illusion qui trompe dans les nôtres : on y découvre même des défauts de perspective assez considérables.

Les morceaux composés de très petites figures sont assurément les meilleurs de tous ceux qu'on a trouvés ; ils sont non ſeulement touchés avec beaucoup d'eſprit, mais la manière en eſt excellente : ils ſont abſolument dans le goût des bas-reliefs antiques, & leur couleur eſt très-bonne. On connoiſſoit à Rome & ailleurs plusieurs de ces peintures en petit ; mais elles ne paroiſſoient pas ſuffiſantes pour porter un jugement certain ſur la peinture des Anciens. En effet, pour ſe faire admirer en ce genre, il ne s'agit que de deſſiner les ſujets avec eſprit, & de les toucher avec légereté : il n'y a preſque point d'eſpace pour mettre de la variété dans les demi-teintes, ſur tout lorſque ces morceaux ſont auſſi peu finis que ceux dont il s'agit ; peu de tons ſuffiſent pour leur donner un bon coloris.

Si les tableaux d'Architecture avoient été plus ſupportables, nous en aurions tiré quelque connoiſſance ſur la manière dont les Anciens pratiquoient la perſpective linéale ou l'aërienne ; mais ils ſont ſi informes à tous égards, qu'il paroît même que ces Peintres n'avoient aucune

aucune connoissance de la belle Architecture. Cependant le Roi des deux Siciles faisant continuer les recherches, on ne désespère point de rencontrer enfin quelques morceaux de peinture dignes d'être mis en parallelle avec les belles sculptures qu'on a déja trouvées. Au surplus, de quelque peu de valeur que soient ces tableaux, ils constatent l'éxistence d'un genre de peinture, qui a pû être au dernier dégré d'excellence dans d'autres ouvrages que le temps nous a ravi, mais dont je croirois, s'il étoit permis de hazarder quelques conjectures, qu'on pourroit retrouver l'idée dans plusieurs excellens tableaux du Guide; quoique la composition de ces morceaux du Guide soit froide & trop simmétrique, & qu'ils soient privés des grands effets de lumière qui sont si frappans dans les ouvrages d'autres Peintres, & souvent même dans quelques-uns des siens; ils sont cependant de la plus grande beauté pour la perfection du dessein, l'exacte vérité & le précieux du coloris. Les peintures antiques nous permettent de douter que les Anciens ayent pouſſé le feu du génie & la force de l'imagination, ſoit pour la compoſition, ſoit pour l'effet de lumière, auſſi loin que pluſieurs Maîtres Italiens, Flamands ou François; & ſi l'on peut juger d'un genre par un autre, du progrès de leur peinture par celui de leur Architecture, on voit que la ſévérité de leur goût leur faiſant redouter les écarts, qui ſont ſi fréquens aujourd'hui, (& plus en Italie qu'ailleurs) ils n'ont cherché qu'à s'imiter les uns les autres. Le beau une fois trouvé par une voye, il ſemble qu'ils n'ayent oſé le chercher par une autre; les Temples antiques ſont preſque tous compoſés ſur une même idée; il en eſt ainſi de beaucoup d'autres particularités, ſoit dans l'Architecture, ſoit dans la Sculpture. Il ſe peut donc qu'il y ait eu un goût général & donné, qui ait aſſervi la plus grande partie des Peintres d'alors, & dont peu d'entr'eux ayent oſé s'affranchir. Comme la Sculpture étoit l'art dont on faisoit le plus d'usage, il est également possible que ce goût dominant ait été un goût de bas-relief; il y a même quelque lieu de penser que si la composition, dont la fougue de l'imagination, la magie de la couleur & du clair-obscur, font le principal mérite, avoit été trouvée, le charme séduisant en auroit empêché la perte, d'autant plus que cette partie très-difficile à conduire à la perfection, est cependant plus facile à allier avec la médiocrité, & qu'elle offre des ressources plus aisées pour en imposer à ceux qui n'ont pas la véritable connoissance de l'art.

En effet, il paroît que quand les arts descendroient parmi nous de la perfection où ils sont maintenant parvenus, à quelque point qu'ils dégénérassent, il se conserveroit toujours une harmonie d'imitation, qui bien qu'elle pût être fausse, serviroit à prouver que cette partie si touchante de la Peinture auroit été connue, & feroit soupçonner à nos derniers neveux qu'elle avoit été portée fort loin par ceux qui l'avoient pratiquée les premiers : si on n'en découvre donc aucune trace dans les tableaux d'Herculanum, il semble qu'il soit permis de penser qu'elle étoit alors entierement ignorée. Ces tableaux peuvent à la vérité passer pour modernes, en comparaison des peintures si vantées de l'antiquité ; mais il n'en est pas moins vraisemblable que leurs Auteurs avoient encore sous les yeux un grand nombre de beaux morceaux, où ils n'auroient pas manqué de puiser la connoissance des parties de l'art dont il s'agit, si elles y avoient existé dans quelque dégré capable d'en inspirer le goût.

Pl 26 pa 69

26

SECTION TROISIEME.

DESCRIPTION

Des Antiquités qui se trouvent aux environs de Naples.

APRES avoir exposé les remarques que j'ai faites sur les antiquités nouvellement découvertes dans la ville d'Herculanum, il m'a semblé que la description de celles qui existent encore dans les environs de Naples ne seroit pas déplacée à la suite de ce petit ouvrage. Plusieurs Auteurs ont à la vérité déja parlé de ces dernières, mais je crois les avoir dessinées avec plus d'exactitude qu'elles ne l'avoient été jusqu'à présent ; & les desseins que j'en donnerai offriront ce qu'on y remarque de plus essentiel.

De la Grotte de Posilippe.

Cette Grotte par où l'on a conduit le chemin de Naples à Pouzzols, est d'une ancienneté qui rend l'époque de son ori- Pl. 26.

gine aſſez obſcure ; les conteſtations qu'elle a excitées parmi les Auteurs ſont connues. C'eſt un ſouterrain percé au travers d'une montagne de bancs de tuf propre à bâtir ; il a environ un mille d'Italie de longueur, ſur dix-huit à vingt pieds de largeur. Quant à ſa hauteur, elle varie conſidérablement ; à l'ouverture, elle a au moins ſoixante pieds de hauteur. Cette vaſte entrée admet une maſſe de lumière qui éclaire le ſouterrain à une diſtance aſſez avancée, au-delà de laquelle la clarté diminue inſenſiblement, juſqu'à ce qu'on ſoit arrivé ſous deux ſoupiraux percés de biais à la voûte de la Grotte, qui en reçoit une nouvelle lumière vers le milieu de ſa longueur. Ce paſſage avoit été long-temps négligé ; des éboulemens de terre & des quartiers de tuf le fermoient, & il ne ſervoit plus que de refuge à des troupes de brigands qui infeſtoient le voiſinage, lorſque Philippe II, Roi d'Eſpagne, les en chaſſa & le repara, ainſi qu'il paroît par une inſcription décorée d'Architecture, qui se lit à l'entrée de la Grotte. Depuis ce temps il a toujours été très-bien entretenu, & les voyageurs n'y sont incommodés que par une poussière qui l'obscurcit en toute saison, & qui les oblige à s'avertir de la voix les uns à l'approche des autres, de crainte de se heurter. Sur le penchant de la montagne, près de l'entrée de la Grotte, du côté de Naples, on voit un ancien monument en pyramide, que l'on dit être le tombeau de Virgile; il n'y a point d'inscription, & il est si ruiné, que je me crois dispensé d'en parler plus au long.

De la Grotte du Chien.

Cette Grotte, dont la hauteur est de cinq pieds, sur quatre de largeur & sept ou huit de profondeur, est fermée, de crainte que quelque voyageur fatigué ne vînt par malheur s'y reposer & ne s'y endormît. On l'a appellée la Grotte du Chien, parce que si l'on prend un chien par les pattes, & qu'on le couche sur le côté contre terre dans cette Grotte, seulement pendant quelques minutes, il est agité de convulsions qui le feroient mourir si on l'y tenoit plus long-temps : on l'en retire comme mort, mais aussi-tôt qu'il a pris l'air, & qu'on l'a plongé dans le Lac d'Agnano, qui n'est qu'à vingt pas de là, il revient à la vie, sort de l'eau & s'enfuit : on a fait cette expérience avec le même succès sur plusieurs sortes d'animaux. Une torche allumée s'éteint sur le champ, & sans qu'il reste la moindre trace de fumée, si on l'approche du sol à un pied & demi de distance.

De la Solfatara.

La Solfatare est un Volcan épuisé, elle est située sur le haut d'un côteau; son aspect présente une grande plaine ovale, de près de quinze cens pieds de longueur, sur mille de largeur, environnée de monticules, où l'on apperçoit quelques crevasses, par où s'exhalent

lent des fumées d'une odeur sulfureuse. La terre de ces monticules & sur tout celle de la plaine, est jaunâtre & chargée de soufre. Il y avoit en 1750 vers le fond de cette plaine, des bouches d'où il s'élevoit une flamme subtile, & des particules bitumineuses qui s'attachoient aux morceaux de terre cuite & de tuile qu'on leur opposoit. On y a construit des barraques, dans lesquelles on a établi des chaudières, où l'on purifie du soufre, du vitriol, de l'alun, &c. le feu qui sort des bouches sert à faire bouillir les chaudières, & à rafiner ces minéraux.

Citerne singulière.

Des esprits arsénicaux qui s'exhalent continuellement de ce terrein, corrompent l'air & les eaux : cependant il est habité par des Capucins, qui n'abandonnent leur Couvent que quand ils y sont contraints par les chaleurs extrêmes. Un François a construit dans ce Couvent une citerne singulière : les Pl. 271

eaux de pluye qu'on y ramaſſe s'y conſervent ſans ſe corrompre. Elle eſt ſoutenue ſur une colonne ou pilier *a*, en ſorte que le vaſe *b* qui contient les eaux, ne touche point aux terres; il eſt logé comme dans une tour *c*, qui lui ſert de cage ou d'enveloppe extérieure. Ce reſervoir peut avoir environ quinze à dix-huit pieds de diametre; il eſt bâti de brique revêtue de ſtuc : quelques liens de fer placés de diſtance en diſtance en aſſurent la ſolidité.

De la Ville de Pouzzol.

Pluſieurs Auteurs, entr'autres le Sarnelli ont parlé de cette ville, & en ont donné des inſcriptions. Elle eſt ancienne, & recommandable encore aujourd'hui par les reſtes de pluſieurs grands édifices, qui devoient en faire autrefois une des plus belles villes de l'Italie; elle offre de tous côtés des Temples, des Théatres, & des Cirques, qui ſont autant de preuves de ſa magnificence paſſée. On rencontre preſqu'à

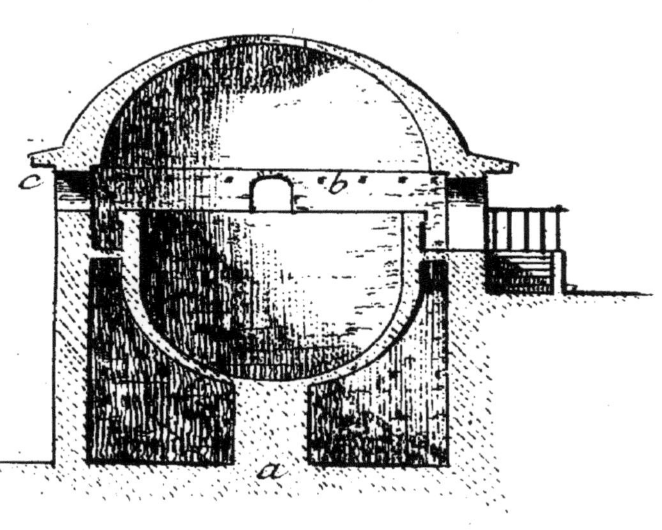
c
b
a

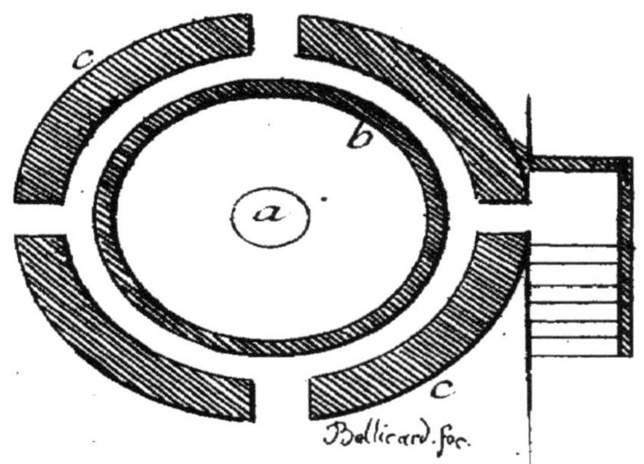
c
b
a
c
Bellicard. fec.

l'entrée de la nouvelle Pouzzol les ruines d'un amphithéatre que les habitans appellent aussi *collisée*. J'en ai parcouru quelques galleries ; j'ai même pénétré jusques dans l'arêne dont on a fait un jardin ; mais il m'a paru trop ruiné , pour qu'on pût établir quelque chose de constant sur les ordonnances d'Architecture dont il a été décoré. On juge seulement par ce qui reste de cet édifice, qu'il étoit considérable , & qu'il avoit été bâti en pierre de taille : on croit que la Cathédrale de cette ville est élevée sur les fondations d'un ancien Temple de Jupiter, qui périt autrefois par un tremblement de terre *. Il y a encore près de l'amphithéatre quelques vestiges à demi-enterrés d'un reservoir à peu près semblable à la piscine de

* On lit en dehors sur le mur antique qui subsiste encore cette inscription , qui a conservé le nom de l'ancien Architecte de cet édifice. L. COCCEIUS : L. C. POSTHUMI LUCTUS ARCHITEC. , & sur le frontispice cette autre inscription : CALPHURNIUS. L. F. TEMPLUM : AUGUSTO : CUM ORNAMENTIS.

Bayes ; mais à peine peut-on le reconnoître, tant ce terrein eſt bouleverſé.

Pl. 28 & 29. Le piédeſtal qui ſe voit au milieu de la place de Pouzzol, & que j'ai repréſenté, planches 28 & 29, a beaucoup ſouffert des injures du temps. Il eſt de marbre blanc, orné de quatorze figures preſque de ronde boſſe, quoiqu'en bas-relief ; au pied de chaque figure eſt gravé le nom de la ville que la figure repréſente : car il ſoutenoit autrefois une ſtatue que les quatorze villes d'Aſie avoient élevée en l'honneur de Tibere, pour avoir reparé les ravages qu'un tremblement de terre y avoit cauſés. Butifond a fait imprimer à Naples une Diſſertation ſçavante ſur ce monument ; il y rapporte auſſi l'inſcription qu'on voit, planche 28, fig. *a*. Le piédeſtal fut trouvé dans les fondations de la maiſon d'un particulier : le côté de l'inſcription eſt orné de deux figures avec un enfant. Six figures occupent le côté oppoſé, & il y en a trois autres ſur chacun des deux petits côtés ; elles ſont toutes belles, mais la plupart très-mutilées.

a
Tib Cæsari divi
Augusti e divi
Iuli N. Augusto
pont.maxi.cos.IIII
imp.VIII.trib.potes
XXXII. Augustales
respublica restituit

b
Bellicard. fec.

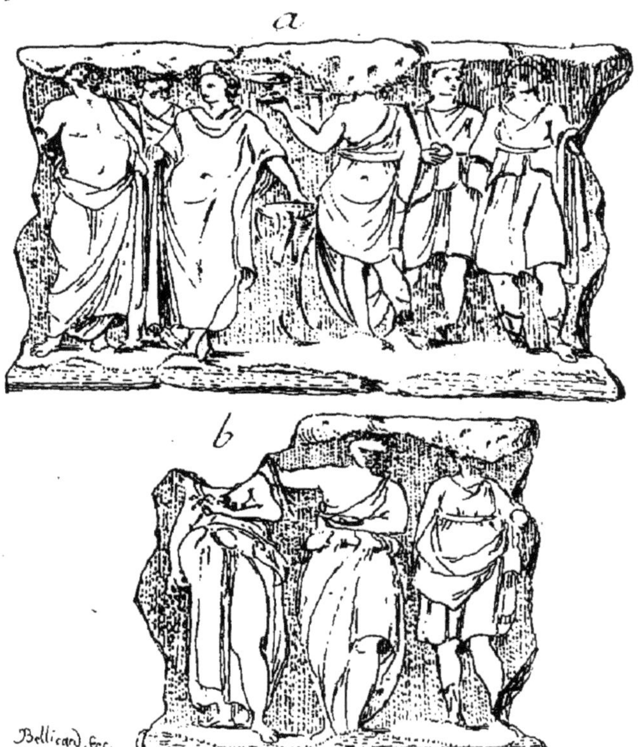
a
b
Bellicard fec.

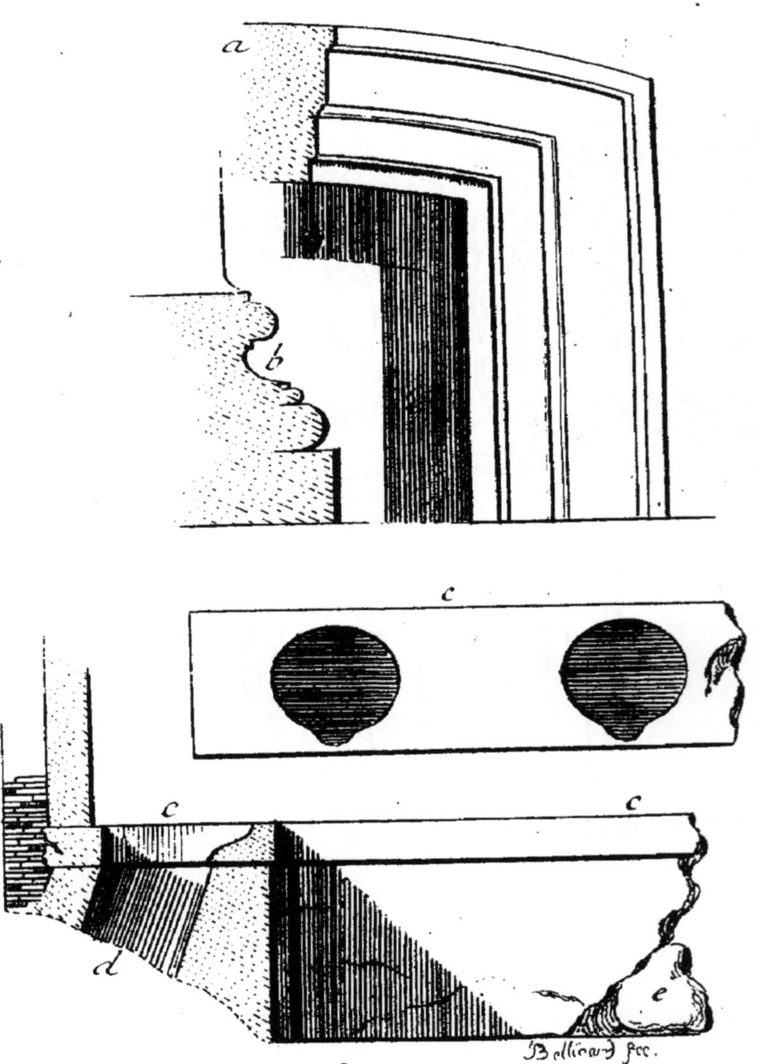
a
b
c
c
c
d
e
J. Belliard fec.

Temple de Sérapis, à Pouzzol.

Dans le premier voyage que je fis en 1749, je remarquai à Pouzzol trois colonnes d'environ cinq pieds de diametre, dont le fust étoit à moitié enterré; quelques temps après on découvrit leurs bases : on en voit le profil en *b*; elles sont de marbre, & d'un fort beau profil. Dans le progrès des fouilles que l'on continue au même endroit, par l'ordre du Roi des deux Siciles, on trouva un Temple, que l'on croit avoir été dédié à Sérapis : à en juger par l'idole qui y présidoit, & par quelques autres indices. Pl. 30.

En 1750, dans mon second voyage, je dessinai les profils que l'on voit sur cette planche; on avoit alors tiré de ces ruines des statues & des vases d'un très-beau travail : les chambranles des portes du Temple étoient très-bien profilés, & il est facile de se convaincre par leur ceintre *a*, que l'invention de cette courbe surbaissée n'appartient pas à nos Architectes modernes : il y en a encore d'autres exemples dans des édifices antiques. Ce Temple m'a paru d'une grande magnificence, tout y étoit revêtu de marbre : on en avoit construit jusqu'aux siéges, aux banquettes, & même aux conduits des fosses d'aisance, *c, d, e.*

Du Môle de Pouzzol, connu sous le nom de Pont de Caligula.

On s'embarque ordinairement à Pouzzol pour aller à Bayes ; & dans ce trajet, qui n'est que de la largeur du Golfe, on cotoye les arcades dun môle qu'on appelle vulgairement *le pont de Caligula*. Plusieurs Auteurs soutiennent en effet que ce sont les restes d'un pont qui servoit à traverser le Golfe de Pouzzol à Bayes ; mais cette opinion est destituée de vraisemblance, & il ne paroît pas possible d'élever un pont sur une étendue de mer aussi considérable que celle qui sépare ces deux villes. Il est plus raisonnable de croire que c'étoit une jettée qui rendoit le port de Pouzzol plus commode & plus sûr pour les bâtimens qui venoient y mouiller, & que la force de la mer brisée contre ces arches ne pouvoit plus endommager. Les arcades & les piles de cet ancien monument sont construites en pierres & en briques d'une belle grandeur. Le bon état dans lequel elles sont encore aujourd'hui prouve assez le caractère de solidité que les Anciens sçavoient donner à leurs édifices.

Du Reservoir d'Agrippa, appellé vulgairement la Piscine admirable.

De Bayes, on passe au Cap de Misène. Parmi une infinité de belles ruines, qui prouvent assez combien ces endroits étoient autrefois embellis, on trouve un grand reservoir très-bien conservé : son plan est un quarré long, Pl. 36.

formé de treize arcades ſur ſa longueur, & de cinq ſur ſa largeur. Au
Pl. 31. milieu de cette Piſcine eſt un canal *a*, ordinairement plein d'eau : on y remarque deux eſcaliers égaux *b*, dont l'un ſert à deſcendre dans la Piſcine; il ne reſte de l'autre qu'une petite portion. Le chemin qui y conduit eſt au niveau de la premiere marche d'en haut, de ſorte que cet édifice ſe trouve enterré de toute la hauteur de l'eſcalier. La largeur des arcades eſt de onze à douze pieds, & leur hauteur à proportion : les arcades priſes ſur la largeur du reſervoir ſont les plus hautes; celles qui ſont ſur la longueur n'atteignent guères dans leur plus grande hauteur qu'au centre des premieres. La voûte porte ſur quarante-huit piédroits, compoſés de quatre pilaſtres chacun, com-
Pl. 32. me on le voit planche 32, figure *a*.

Le reſervoir eſt couvert d'un enduit, dont la compoſition eſt devenue un ſujet de conteſtation parmi la plupart de ceux qui l'ont examiné : les uns préten-

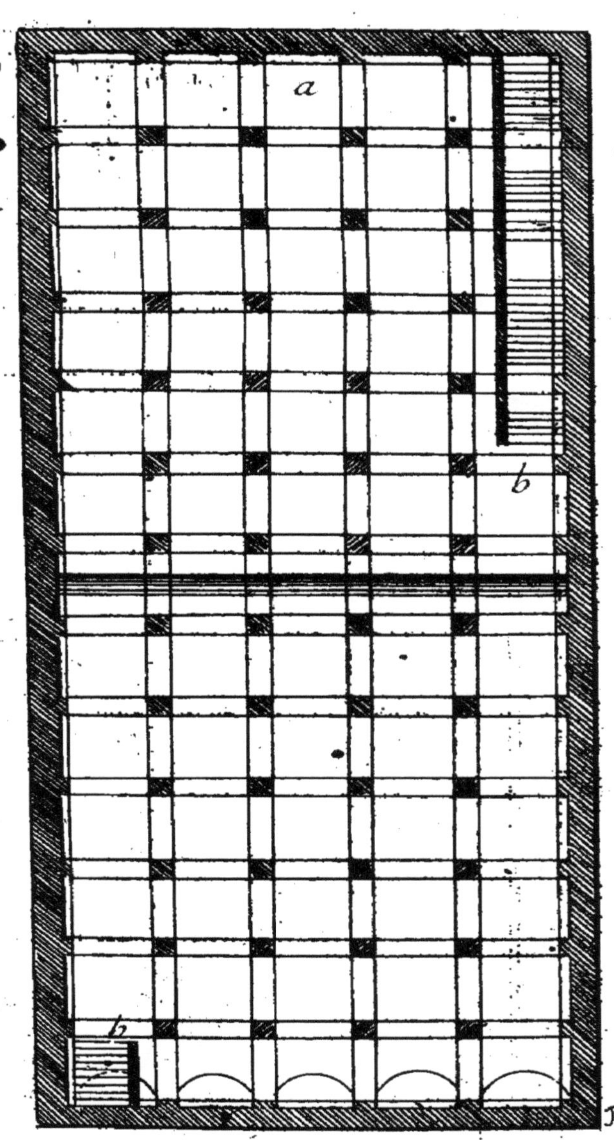

31

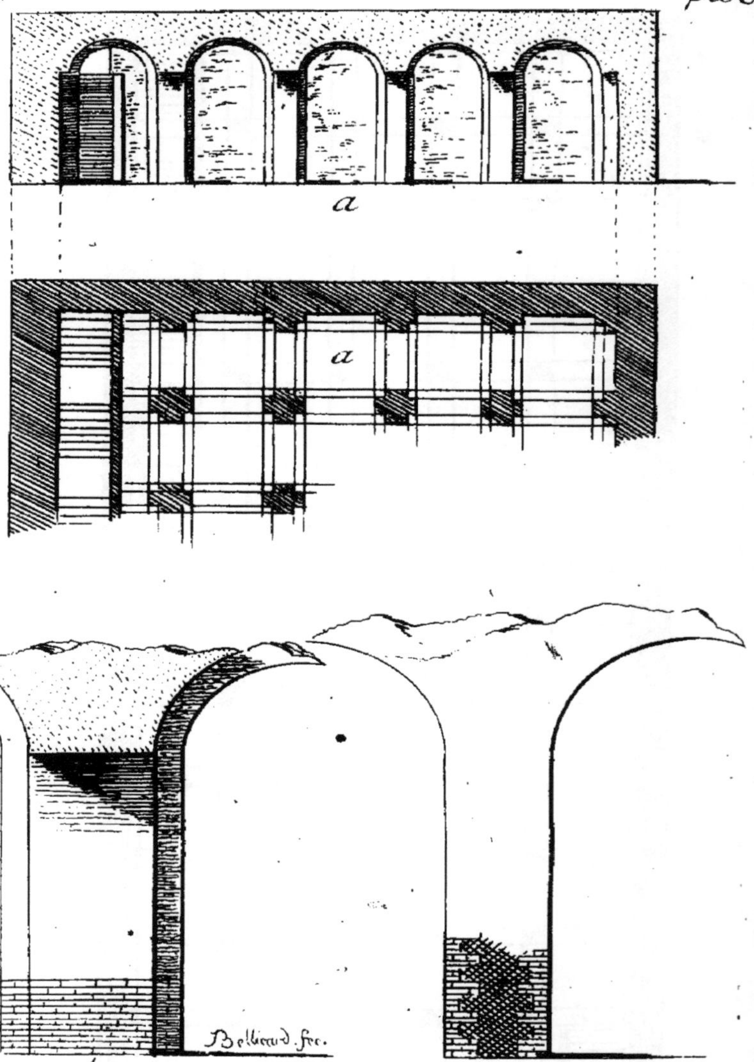

3

dent que c'eſt un maſtic lié avec des blancs d'œufs ; d'autres, que c'eſt ſimplement un dépôt que l'eau a fait contre les murs : il m'a ſemblé que c'étoit véritablement un ciment compoſé de poudre de marbre & de ſable du pays, avec quelque addition qui nous eſt inconnue. Quoiqu'il en ſoit, cet enduit, qui n'a guères que deux lignes d'épaiſſeur, & où l'on diſtingue différentes couches, eſt d'une dureté ſi parfaite, que le fer & l'acier ont peine à y mordre. La batiſſe de l'ouvrage entier eſt très-ſolide ; le pavé en eſt encore bien conſervé : les pierres en ſont bien jointes, & les voûtes aſſez peu ruinées. Les piliers *b* ſont de brique en liaiſon, ainſi que les murs du pourtour, différens en cela de ceux d'un autre reſervoir, qui ſe voit aux environs, & qu'on appelle les cent chambres de Néron. Les piliers de celui-ci ſont auſſi de briques, mais arrangées d'une autre manière : voyez la figure *c*, même planche. On a placé aux angles de gran- Pl. 31.

des briques en liaiſon, & on a rempli le milieu des piliers avec d'autres briques plus petites, diſpoſées en lozanges ; ce que Vitruve appelle *opus reticulatum*. La plupart des ruines qui exiſtent à Rome & dans ſes environs, prouvent que cette manière de bâtir étoit fort uſitée chez les Romains.

Tombeaux des Champs Eliſées.

On a donné le nom de Champs Eliſées à une petite plaine ſituée à un bon mille de Bayes. Au ſortir de la Piſcine dont nous venons de parler, on monte ſur la hauteur du Cap de Miſène, au pied duquel on découvre la *mer morte*, ainſi appellée parce qu'on la traverſoit pour porter les cendres des morts dans des tombeaux conſtruits ſur le penchant de cette montagne. Ces tombeaux pra-
Pl. 33. tiqués dans des voûtes en berceau, ſont pour la plupart percés de petites niches circulaires ſur leur plan & en éléva-

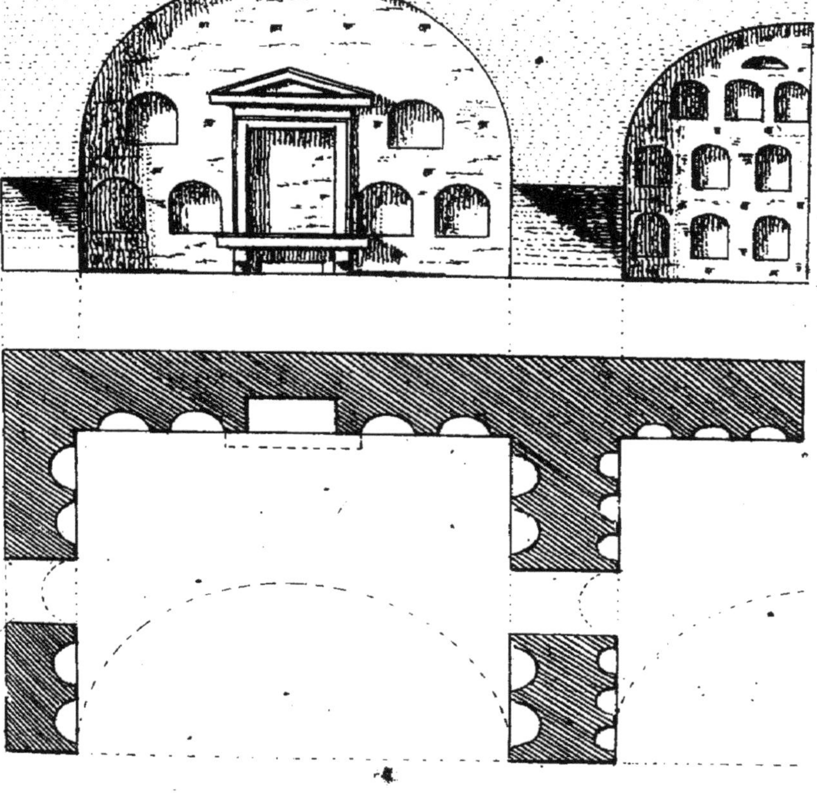

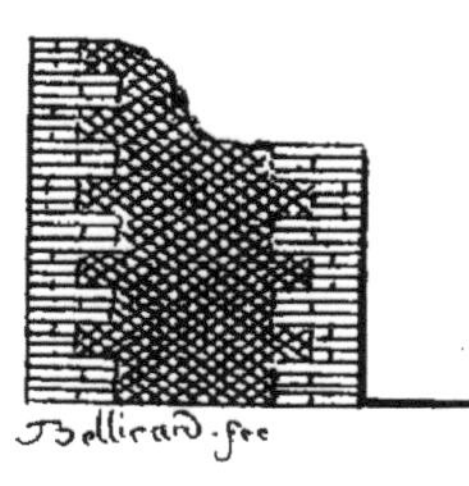
J Bellirard fec

rion. Celles du milieu sont ordinairement distinguées par quelques ornemens plus grands que les autres : il y en a même de décorées d'un fronton avec chambranle & appui, comme on le voit, planche 33. La tristesse de ces endroits n'en avoit pas tout-à fait exclu la magnificence : on y remarque encore quelques vestiges de peinture ; mais on n'y trouve plus aucune des urnes sépulchrales qui renfermoient les cendres des morts.

Ces édifices sont communs : quand il y en a plusieurs dans un même endroit, ils communiquent souvent les uns aux autres. J'ai cru qu'il suffisoit d'en représenter un ou deux ; ils sont bâtis de briques disposées comme nous l'avons remarqué ci dessus, & comme on le voit au bas de la planche 33 ; la plupart étant à demi enterrés, & leur entrée presqu'entierement fermée, il est assez difficile d'y pénétrer.

Du Tombeau d'Agrippine.

Sur le chemin qui conduit des Champs Elisées à Bayes, on trouve une voûte

en plein ceintre & isolée, que nos con-
Pl. 34. ducteurs nous assurerent être le tombeau d'Agrippine, mere de Néron. Cette voûte, qui est enterrée jusqu'à la naissance de son berceau, a environ cinq pieds de largeur sur cinq à six de hauteur; elle est revêtue intérieurement de stuc, dont on a formé des compartimens de Sculpture de très-bon goût & d'un très-beau travail. Les bas-reliefs qui sont au ceintre paroissent aussi fort beaux, quoique ruinés & noircis par la fumée des flambeaux dont on est obligé de se servir pour descendre dans ces souterrains : ils sont tous renfermés dans des bordures dont les ornemens sont d'une belle exécution & dans le meilleur goût de l'antique. Quoique les murs sur lesquels cette voûte est portée soient presque tout-à-fait enterrés, & que ce monument ait beaucoup souffert, on y apperçoit encore quelques restes de peintures, mais en si mauvais état qu'il est impossible d'en porter aucun jugement : on remarque seu-

Pl.34

pa. 84.

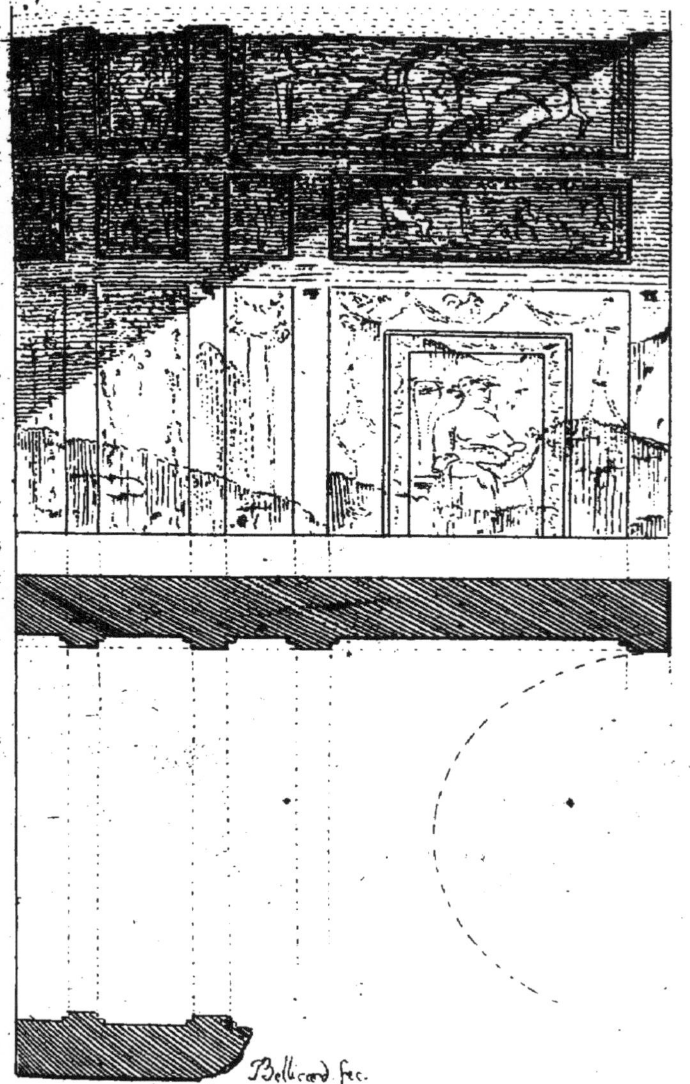

34

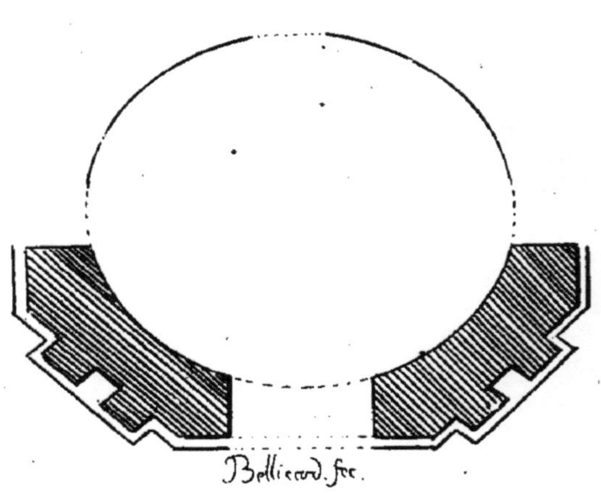

Bellicard. fec.

lement qu'elles s'accordent fort bien avec la décoration de la voûte & la variété des ornemens dont elle est enrichie. J'y ai distingué un de ces animaux chimériques, composés du corps d'un lion, & de la tête & des aîles d'un aigle, qu'on appelle griffons, que les Anciens employoient fréquemment dans leurs ornemens, & qu'on voit dans la frise du Temple de Faustine à Campo-Vaccino, à Rome. Les chambres auxquelles on prétend que cette voûte communique, ne renferment rien de remarquable, & les éboulemens en ont condamné presque toutes les entrées.

Du Temple de Venus ou de Neptune.

Après avoir quitté le tombeau d'Agrippine, nous passâmes au bas du Fort de Bayes, & l'on nous débarqua proche d'un Temple sur le nom duquel on n'est pas d'accord; c'est en effet un point assez difficile à éclaircir. Je m'en tien- Pl. 35.

drai donc à l'opinion communément reçue dans le pays, quoiqu'il n'y en ait peut-être aucun où les discours populaires soient plus trompeurs. Ce Temple, que les uns croyent avoir été dédié à Venus & les autres à Neptune, est circulaire dans son intérieur, & forme extérieurement un plan octogone, dont quatre côtés sont flanqués de pilastres grouppés, & les quatre autres percés par des ouvertures. Ces pilastres, dont la saillie est des deux tiers de leur largeur posent à crud sur un socle fort élevé, quoique presque tout enfoui dans les terres marécageuses au milieu desquelles ce Temple est construit. Quant aux chapiteaux, le temps les a tellement ruinés qu'il n'en reste point de vestige; la porte est en plein ceintre; mais la croisée *a* qui est au dessus est terminée par la courbe surbaissée dont j'ai parlé ci-dessus, à l'occasion du Temple de Sérapis nouvellement découvert à Pouzzol. Comme les voûtes de celui-ci sont entierement ruinées, il ne m'a pas été possible de juger de leur décoration : mais par les briques qui paroissent à nud sur les murs, on est assez disposé à croire que cet édifice, ainsi que beaucoup d'autres, étoit revêtu de marbre. Son intérieur n'a rien de remarquable ; du reste, ce lieu est d'un accès difficile : on n'y arrive qu'en s'y faisant transporter à travers les marais ; & ce qu'il y a à remarquer n'en vaut pas la peine : Il n'en est pas de même du Temple dont nous allons parler.

Du Temple de Mercure.

Le Temple de Mercure est aussi enterré dans des marécages, de sorte qu'on est obligé de s'y faire porter, quand on a la curiosité d'en connoître l'intérieur. C'est une espèce de rotonde, dont la voûte est percée au sommet d'une seule ouverture qui éclaire ce Temple, comme le Panthéon, à Rome. Le parement des murs est entierement revêtu de petits morceaux de marbre, dispersés ça & là, sans aucun ordre ; ce qui me fait croire qu'ils n'avoient été ainſi placés que comme une préparation pour recevoir quelque enduit, dont cependant on ne voit aucune trace. Ce Temple eſt joint à d'autres pièces voûtées qui ne renferment rien de remarquable : on y entre ordinairement par la porte *a*, qui ne ſe trouve pas en alignement avec la porte *b* ; il en eſt de même des deux autres *c* & *d*. Je n'ai pu concevoir la cauſe de cette irrégularité, ſi ce n'eſt peut-être qu'elles conduiſoient à d'autres édifices contigus. Le corridor *e* eſt encore décoré de quelques peintures à freſque très-bien conſervées, mais qui ne ſont pas d'une grande beauté. Cet édifice, ainſi que tout ce qui reſte de l'antiquité dans ces cantons, eſt conſtruit en briques de la grandeur de celles dont j'ai parlé ci-deſſus. Comme la pierre y eſt très-commune, il ſemble qu'alors on lui préféra la brique.

Des

a
b
c
d
c
Bellicard. fec.

pa 89

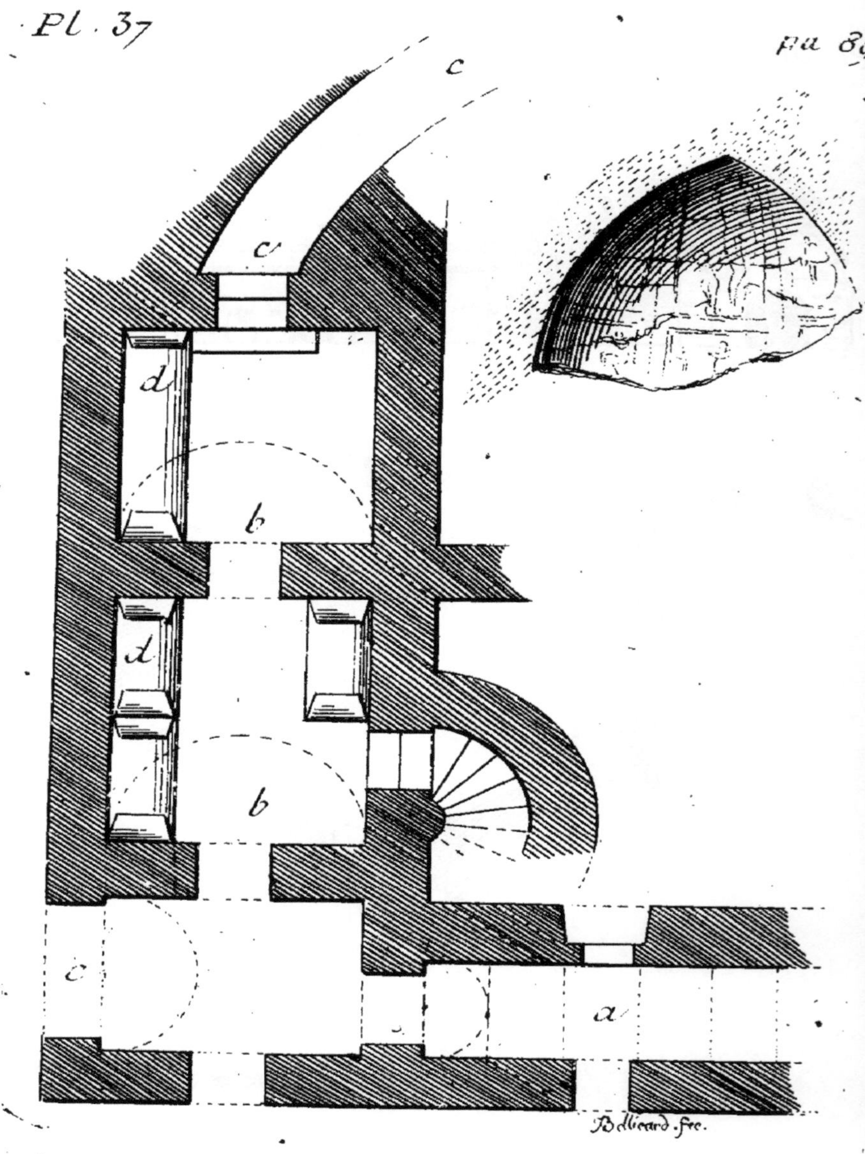

Des Bains, ou Etuves de Tivoli.

Sur la même côte & presque dans le fond du Golfe de Pouzzol, on descend en pente douce à ces bains. On y arrive par un chemin qu'on a creusé dans le roc, & qu'on peut regarder comme un diminutif de la fameuse Grotte de Posilippe; Il est impraticable aux voitures: il n'y a que les chevaux qui puissent y passer. Au bout de ce souterrain, on trouve l'escalier *a*, où se réunissent plusieurs chemins qui conduisent à différens lieux de la montagne. On voit dans cet endroit quelques chambres ou grottes *b*, taillées dans le roc; elles aboutissent à un corridor *c* également pratiqué dans le roc, par lequel on descend en pente douce à des bains d'eau chaude, que Néron, à ce que l'on prétend, avoit fait construire pour son usage. La chaleur de ces eaux est si grande, que ceux qui vont la puiser en reviennent tout couvers de sueur, & qu'elle est encore Pl. 37.

H

insoutenable quand ils la rapportent. Nous avons beaucoup d'exemples de ces eaux chaudes ; mais il y en a peu qui le soient autant que celles-ci : on s'en sert dans le pays pour la guérison de plusieurs maladies.

Il y a dans les grottes *b* des bancs *d*, ou espèce de lits faits de stuc, pour mettre les malades dans la situation qui convient à leurs incommodités : on trouve aux environs de ces bains beaucoup de ruines sur lesquelles il seroit facile de se persuader, malgré le mauvais état où elle sont aujourd'hui, qu'ils faisoient autrefois partie de quelque Palais considérable. La petite portion de voûte représentée sur la même planche, figure *f*, est le reste d'un Temple dédié à Diane ; je n'y ai trouvé ni peintures ni bas-reliefs ; & ce qui reste de cet édifice est d'ailleurs si peu remarquable, que c'est assez de l'avoir indiqué.

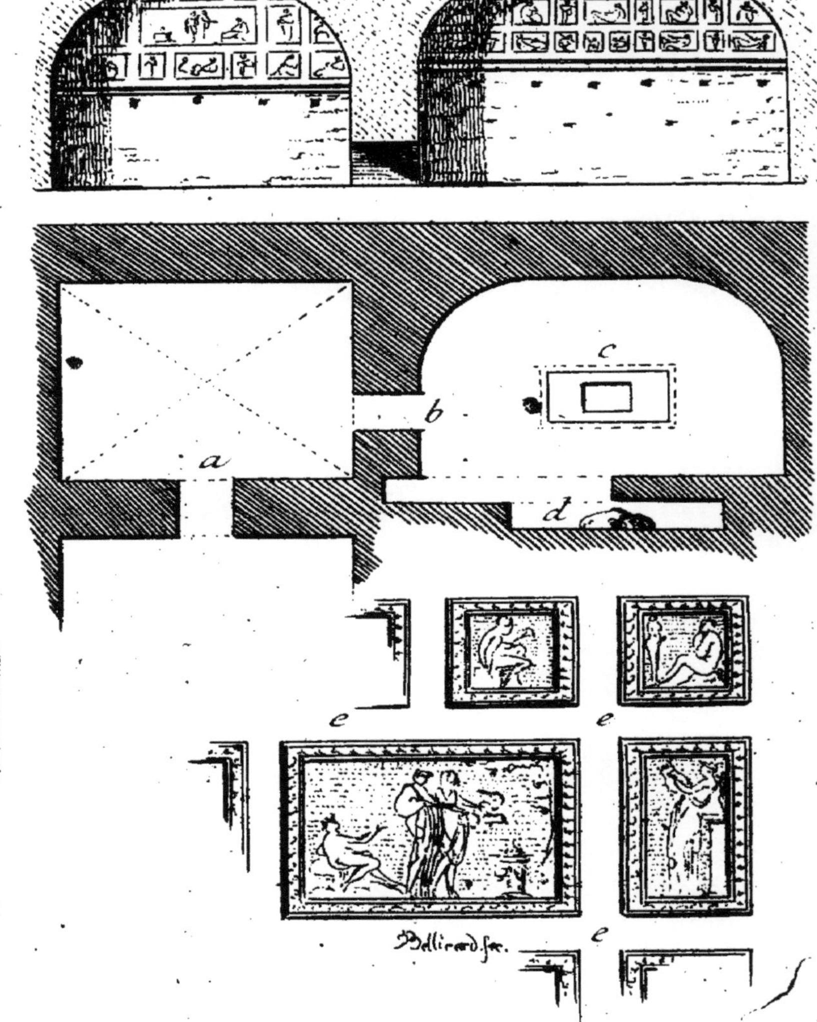
c
b
a
d
e
e
e
Bellicard fec.

Des Chambres de Venus.

Les chambres de Venus, ainſi que les Temples dont on vient de parler, ſont des antiquités très-ruinées, dont les éboulemens des lieux circonvoiſins ont rendu l'entrée difficile. La chambre *a*, quarrée ſur ſon plan, eſt la premiere : la voûte en eſt décorée de caiſſons, dans chacun deſquels il y a des bas-reliefs de ſtuc : ils ſont aſſez bien traités, cependant ils n'approchent pas de la beauté de ceux de la chambre *b*. Cette ſeconde chambre eſt ſur un plan moitié circulaire, moitié quarré ; il y a ſous l'arcade *d* une ſtalactite ou congélation, & dans le milieu de la voûte une ouverture *c*, qui ſervoit apparemment à l'eſcalier. Parmi les excellens bas-reliefs qui décorent cette chambre, il y a un Gladiateur exactement dans l'attitude de celui de la ville Borghèſe, près de Rome. J'ai tâché de donner au bas de cette planche, figure *e*, une légère idée de ces bas-reliefs : ils ſont tous renfermés dans une bordure Pl. 38.

très-bien travaillée, & assez semblable pour le dessein à celles du tombeau d'Agrippine, dont j'ai parlé plus haut. Au reste, les sujets de ces bas-reliefs, non moins obscènes que ceux de quelques lampes tirées des ruines d'Herculanum, sont très-convenables à la Divinité qui présidoit dans ces lieux, d'où les conducteurs menent ordinairement les curieux à une voûte très-profonde, percée sous la montagne, où étoit autrefois l'ancienne ville de Cumes. Ce souterrain aboutit à des chambres & à des bains qui se communiquent, mais où il n'y a rien qui mérite la moindre attention; ils ne sont célébres que par l'opinion vulgaire, que la fameuse Sybille de Cumes y rendoit ses oracles: on peut consulter Misson là-dessus.

Des Catacombes de Naples.

Pl. 39. Il paroît que ces sortes de tombeaux publics étoient fort en usage chez les Anciens. Outre les Catacombes de Rome & de Naples que j'ai parcourues

& examinées avec soin, un de mes amis qui a fait le voyage de Sicile en a trouvé d'aussi considérables à Syracuse & même à Malthe. La construction est à peu près la même dans toutes ; & il sera facile de s'en former une idée avec le secours de la planche 39, où j'ai donné le plan & la coupe d'une partie de celles qu'on appelle à Naples, *Catacombes de S. Janvier*. Elles sont, comme c'est l'ordinaire, pratiquées au hazard dans l'épaisseur d'une montagne, où il s'est trouvé des bancs d'une pierre encore plus tendre que celle de S. Leu, & qui a dû être fort facile à percer : on a creusé sans ordre ni simmétrie, dans toutes les faces de ces souterrains, des niches de différentes formes. On y trouve divers réduits dont la décoration particulière indique qu'ils étoient destinés à autant de familles : il en est de même des tombeaux *d*, où l'on voit encore quelques restes de peintures. Ces souterrains, ainsi que les avenues *b*, qui y conduisent, sont tous remplis de niches de différentes grandeurs, où l'on déposoit ou les cendres ou les corps. L'entrée en est percée assez d'alignement; mais on n'a pas pénétré fort avant qu'on se trouve dans des routes tortueuses, dirigées absolument au hazard; & le tout semble former une espèce de ville souterraine avec des rues, des cûls de sac, des réduits & même des places. L'étendue de ces Catacombes est très- considérable; il y a des galleries qui vont, dit-on, jusqu'à Pouzzol : on a eu la même précaution à Naples qu'à Rome, d'en condamner plusieurs avenues, dans la crainte que quelques personnes qu'une curiosité indiscrette tenteroit de les parcourir sans guide, ne s'y égarassent. Dans les endroits où l'excavation est trop large, on a laissé de distance en distance des piliers *c*, pour soutenir les voûtes; il y a assez ordinairement deux étages de souterrains l'un sur l'autre. Je ne m'étendrai pas d'avantage là dessus, persuadé que les figures aideront assez l'imagina-

Pl. 39. pa 94

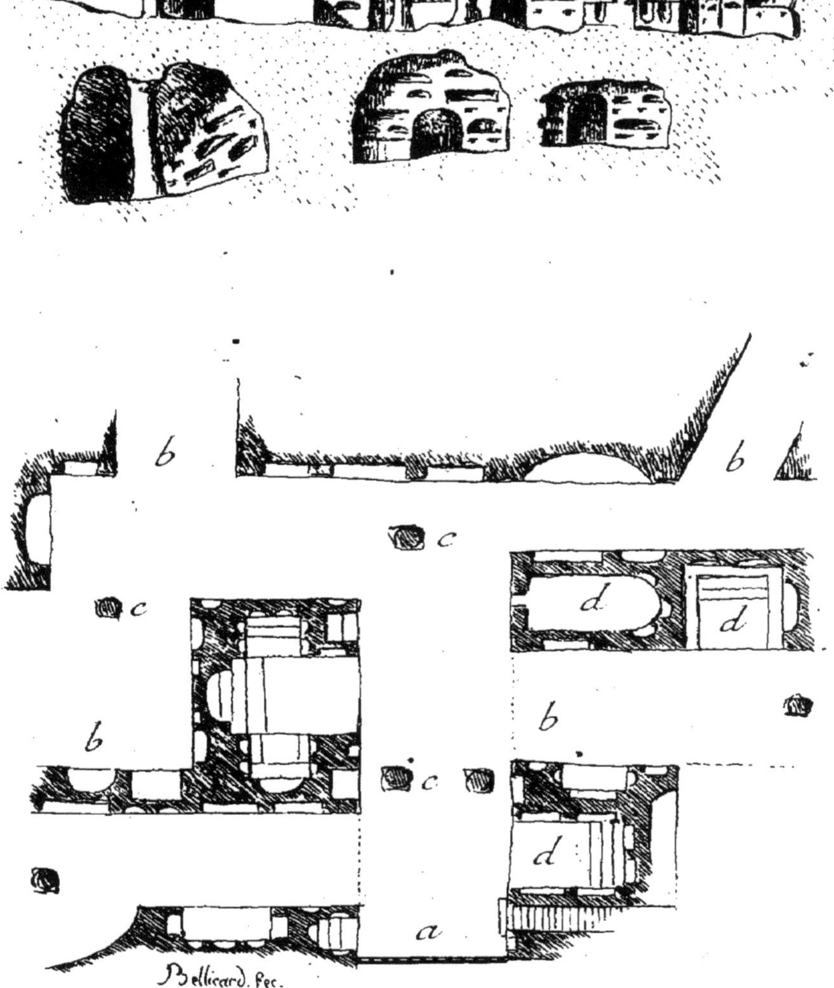

39

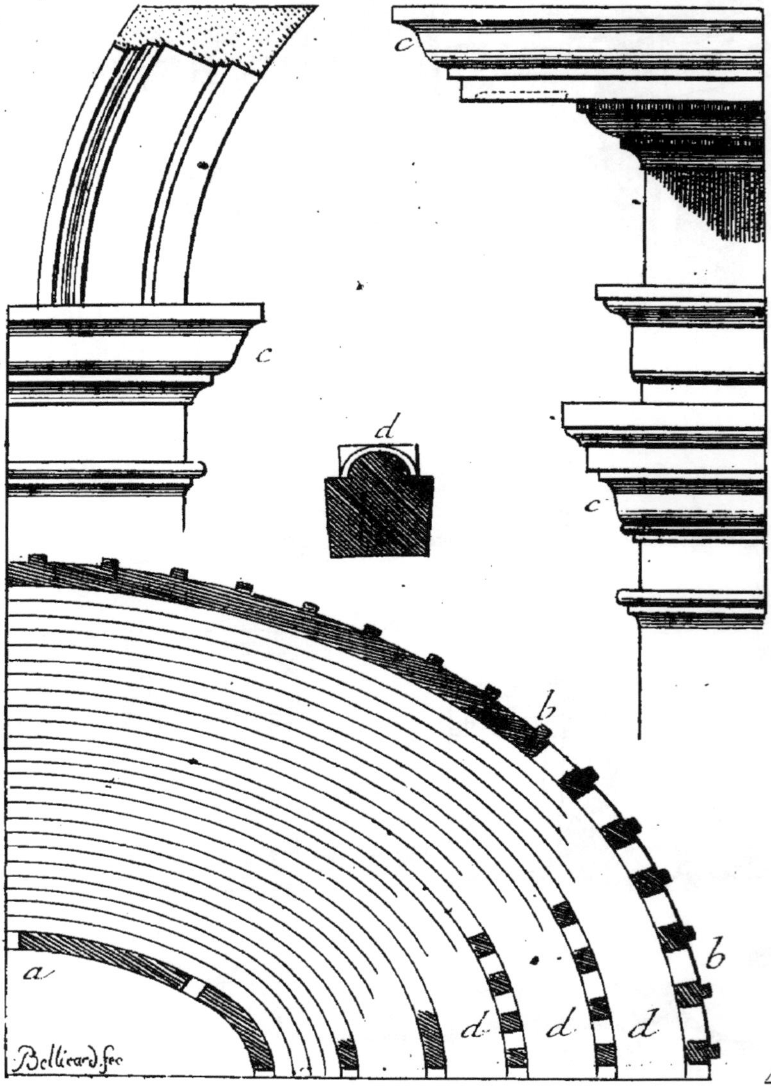

c
c
d
c
b
b
a
d
d
d
Bellicard fec

tion à se faire une juste idée de cette sorte de sépulture.

De l'Amphithéatre de l'ancienne Ville de Capoue.

Je terminerai cette description abrégée des antiquités de Naples & de ses environs, par l'Amphithéatre de l'ancienne Capoue. Cette ville n'est éloignée que d'environ deux milles de la nouvelle ; elle est à dix lieues de Naples ; elle se trouve sur le chemin de Rome, & paroît avoir été autrefois très considérable, à en juger par le grand nombre de ruines qu'on y voit encore, & par le témoignage des anciens Auteurs qui ont vanté ses délices, l'Amphithéatre est la seule chose qui s'y fasse remarquer. Il est très-dégradé ; le plan m'en a paru, pour la forme de sa courbe, semblable au collisée de Rome : il étoit composé au plus de trois Ordres d'Architecture, dont le premier tient assez du Dorique, à en juger par le profil de son entablement : cependant la

Pl. 40.

Pl 40. frize n'eſt ornée d'aucun triglyphe ; & ſa corniche eſt ſans modillons. Cette corniche peut avoir environ un quart de plus que la frize : ſon larmier eſt fort petit & couronné d'une cymaiſe *e* fort lourde : la même cymaiſe *e* eſt employée avec auſſi peu de ſuccès dans le chapiteau & dans l'impoſte de cet Ordre. L'édifice eſt diviſé en cinq galleries *d*, dont trois ſervent à communiquer à tous les eſcaliers qui aboutiſſent aux gradins. Le milieu *a*, autrefois l'arêne, eſt aujourd'hui un champ labouré ; chaque pilier extérieur *b* étoit décoré d'une colonne à demi-engagée, comme on le voit plus en grand, figure *c*, les baſes de ces colonnes ſont à préſent enterrées. Les murs & le pourtour extérieur étoient bâtis de très-bonne pierre ; & ce qui étoit en briques avoit d'autant plus de ſolidité qu'elles étoient très-grandes & fort épaiſſes. J'ai compté dans la circonférence de cet Amphithéatre ſoixante & quatre arcades, dont ſoixante on chacune trois pieds d'ouverture, ainſi que

que les galleries *d*, qui ſont voûtées en berceau. Les quatre autres arcades ſont plus larges, & ſervoient de principale entrée au premier Ordre; les clefs de ces arcades étoient ornées de têtes coloſſales, dont l'une repréſentoit Diane, & les autres différentes Divinités : il en reſte encore quelques-unes que l'on a tranſportées dans la nouvelle Capoue, avec des autels & des pierres chargées d'inſcriptions. En examinant avec attention les profils de cet Amphithéatre, on remarque ſur tout la petiteſſe du larmier de l'entablement, défaut que j'ai obſervé dans d'autres monumens antiques, comme au Panthéon & au Temple de Mars (aujourd'hui la Douanne) à Rome. La grandeur que pluſieurs Architectes modernes ont donnée au larmier, paroît d'autant plus convenable, qu'étant le couronnement des autres moulures, il doit l'emporter ſur elles; mais en conſervant toutefois un caractère de ſimplicité, qui peut être détruit par les ornemens dont on le charge dans les édifices de conſéquence.

Ceux qui voudront s'inſtruire plus au long ſur l'Amphithéatre de Capoue, n'auront qu'à conſulter l'ouvrage que le Chanoine Mazoci a publié ſous le titre de *Commentarius in mutilum Campani Amphitheatri titulum &c. Neapoli* 1727. in-4°.

Voilà ce qui me reſtoit à dire ſur les antiquités des environs de Naples. Quoique ces monumens fuſſent déja connus, j'ai cru pouvoir en traiter encore, en ajoûtant à mon diſcours des figures qui donnaſſent des objets une idée plus diſtincte qu'on ne l'avoit.

FIN.

TABLE DES SECTIONS ET DES ARTICLES

Contenus dans cet Ouvrage.

SECTION PREMIERE.

SECTION SECONDE.

TROISIEME SECTION.

Fin de la Table des Matières.

APPROBATION.

J'AI lu par ordre de Monseigneur le Chancelier le manuscrit qui a pour titre *Recherches Historiques sur Herculanum*, & je n'y ai rien trouvé qui puisse en empêcher l'impression. A Paris le 10 Janvier 1754. JEZE.

PRIVILEGE DU ROI.

LOUIS par la grace de Dieu Roi de France & de Navarre, à nos amés & féaux Conseillers, les Gens tenans nos Cours de Parlement, Maîtres des Requêtes ordinaires de notre Hôtel, Grand Conseil, Prevôt de Paris, Baillifs, Sénéchaux, leurs Lieutenans Civils & autres nos Justiciers qu'il appartiendra, SALUT. Notre amé CHARLES-ANTOINE JOMBERT, Imprimeur à Paris, Nous a fait exposer qu'il désireroit faire imprimer & donner au Public des Ouvrages qui ont pour titre, *Dictionnaire des Théatres* par M. de LERIS, *Traité Historique & Moral du Blason ; Observations sur les Antiquités* d'HERCULANUM ; *Nouveau Traité du Nivellement*, par M. le Fevre ; *Relation du siége de Grave* ; *Methode pour apprendre le dessein*, avec fig. *L'Art de Peinture & Traité pratique de Peinture, & autres petits Ouvrages sur le même Art*, par

M. de Piles; *Secrets concernant les Arts & Métiers, avec le Teinturier parfait*; s'il nous plaisoit lui accorder nos Lettres de Privilége sur ce nécessaires. A CES CAUSES, voulant favorablement traiter ledit Exposant, Nous lui avons permis & permettons par ces Présentes, de faire imprimer lesdits Ouvrages autant de fois que bon lui semblera, & de les vendre, faire vendre & débiter par tout notre Royaume pendant le tems de neuf années consécutives, à compter du jour de la datte des Présentes; faisons défenses à tous Imprimeurs, Libraires & autres personnes de quelque qualité & condition qu'elles soient, d'en introduire d'impression étrangere dans aucun lieu de notre obéissance; comme aussi d'imprimer, ou faire imprimer, vendre, faire vendre, débiter ni contrefaire lesdits Ouvrages ni d'en faire aucuns extraits sous quelque prétexte que ce puisse être, sans la permission expresse & par écrit dudit Exposant ou de ceux qui auront droit de lui, à peine de confiscation des Exemplaires contrefaits, de six mille livres d'amende contre chacun des contrevenans, dont un tiers à Nous, un tiers à l'Hôtel-Dieu de Paris, l'autre tiers audit Exposant, ou à celui qui aura droit de lui & de tous dépens, dommages & intérêts; A LA CHARGE que ces Présentes seront enregistrées tout au long sur le Registre de la Communauté des Libraires & Imprimeurs de Paris, dans trois mois de la datte d'icelles; que l'impression de ces Livres sera faite dans notre Royaume & non ailleurs, en bon papier & beaux caracteres, suivant la feuille imprimée & attachée pour modéle sous le contrescel des

Présentes ; que l'Impétrant se conformera en tout aux Réglemens de la Librairie, & notament à celui du 10 Avril 1725 ; & qu'avant de les exposer en vente, les manuscrits ou imprimés qui auront servi de copie à l'impression desdits Ouvrages, seront remis dans le même état où l'Approbation y aura été donnée ès mains de notre très-cher & féal Chevalier Chancelier de France le Sieur DE LAMOIGNON ; & qu'il en sera ensuite remis deux Exemplaires de chacun dans notre Bibliothéque publique, un dans celle de notre Château du Louvre, & un dans celle de notre très-cher & féal Chevalier Chancelier le Sieur DE LAMOIGNON, & un dans celle de notre très-cher & féal Chevalier Garde des Sceaux de France, le sieur DE MACHAULT, Commandeur de nos Ordres ; le tout à peine de nullité desdites Présentes : du contenu desquelles vous mandons & enjoignons de faire joüir ledit Exposant ou ses ayans cause pleinement & paisiblement, sans souffrir qu'il leur soit fait aucun trouble ou empêchement. VOULONS que la copie desdites Présentes, qui sera imprimée tout au long au commencement ou à la fin desdits Ouvrages, soit tenue pour duement signifiée, & qu'aux copies collationnées par l'un de nos amés & féaux Conseillers-Secrétaires, foi soit ajoutée comme à l'original. Commandons au premier notre Huissier ou Sergent sur ce requis, de faire pour l'exécution d'icelles tous actes requis & nécessaires, sans demander autre permission & nonobstant clameur de haro, Charte Normande & Lettres à ce contraires ; car tel est notre plaisir. Donné à Versailles le quatrieme jour de Mars, l'an de grace mil sept cent cinquante-quatre, & de notre regne le trente-neuvieme.

Par le Roi en son Conseil,

PERRIN.

Registré sur le registre treize de la Chambre Royale des Libraires & Imprimeurs de Paris, n°. 301, fol 340, conformément aux anciens Réglemens, confirmés par l'édit du 28 Février 1723. A Paris le 8 Mars 1754.

B. BRUNET, *Adjoint.*

LIVRES SUR L'ARCHITECTURE,

Qui se trouvent chez le même Libraire.

ARchitecture Françoise, ou recueil des plans, élévations, coupe & profils des Eglises, Maisons royales, Palais, Hôtels & Edifices les plus considérables de Paris; ainsi que des Châteaux & Maisons de plaisance situés aux environs de cette ville, ou en d'autres endroits de la France, bâtis par les plus célébres Architectes, en huit volumes *in-fol.* grand papier, avec plus de 1200 pl. *Sous presse.*

Architecture moderne, ou l'art de bien bâtir pour toutes sortes de personnes; où il est traité de la construction, de la distribution, des devis, du toisé, & des us & coutumes. En deux volumes *in-4°.* grand papier, enrichi de près de 150 planches, 30 liv.

Suite du même ouvrage. De la décoration extérieure des Edifices modernes, & de la distribution des maisons de plaisance. Par M. J. Fr. Blondel, Architecte. En deux volumes *in-4°.* grand papier, avec plus de 150 planches, 42 liv.

Cours d'Architecture qui comprend les Ordres de Vignole avec un commentaire, & des instructions & préceptes sur ce qui regarde l'Art de bâtir. Nouvelle édition enrichie de quantité d'exemples & de desseins de toutes les parties de l'Architecture. Par le sieur d'Aviler, *in-4°.* grand papier, avec plus de cent planches, 24 liv.

On va mettre sous presse le *Dictionnaire des termes d'Architecture* par le même Auteur, avec des augmentations considérables. En un volume *in*-4°. grand papier.

Regle des cinq Ordres d'Architecture. Par Jac. Barrozzio de Vignole. Brochure *in-fol*. en 30 planches, 3 liv.

Le même ouvrage *in*-12. relié en parchemin, 1 liv. 16 s.

Parallele de l'Architecture antique avec la moderne, suivant les dix principaux Auteurs qui ont écrit sur les cinq Ordres Par M. de Chambray; belle édition, *in-fol*. Paris, 1702, 24 liv.

Abrégé du même ouvrage, le discours gravé, augmenté des piédestaux pour chaque Ordre, suivant les principaux Auteurs. *In-fol*. en cent planches, 12 liv.

Maniere de dessiner les cinq Ordres d'Architecture & les parties qui en dépendent, suivant l'antique. Par Abr. Bosse, *in fol*. en plus de 100 planches, 15 liv.

La Théorie & la pratique de la coupe des pierres & des bois. Par M. Frezier, Ingénieur en chef à Landau, en trois volumes *in*-4°. avec 120 planches, nouv. édit. 1754, 40 liv.

La Théorie & la pratique du jardinage, où l'on traite à fond des jardins de plaisance & de propreté, avec un Traité d'hydraulique convenable aux jardins. Quatrieme édition; augmentée, avec quantité de planches. *In*-4°. 1747, 15 liv.

Traité physique de la culture & de la plantation des arbres; avec la maniere de les exploiter, de les débiter & de les échantillonner suivant les différens usages auxquels ils sont propres. Par M. Roux, *in-douze*. 1750, 2 liv. 10 s.

Traité de Charpenterie & des bois de toutes espèces ; avec un tarif général des bois de toutes sortes de longueurs & grosseurs, dans un goût nouveau, & un Dictionnaire des termes. Par M. Mesange. En deux volumes *in*-8°. avec figures, 12 liv.

L'art de la Charpenterie de Mathurin Jousse. Nouvelle édition, corrigée & augmentée de ce qu'il y a de plus curieux dans cet art, & des machines nécessaires à un Charpentier. Par M. de la Hire. *In-folio*. 1751. 12 liv.

Détails des Ouvrages de Menuiserie pour les bâtimens. Où l'on trouve les différens prix de chaque espèce d'ouvrages, avec les tarifs nécessaires pour le calcul de leur toisé. Par M. Potain. *in*-8°. 1749, 6 liv.

Nouveau Tarif du toisé de la maçonnerie, tant superficiel que solide, où l'on trouve les calculs tout faits sans mettre la main à la plume ; avec le toisé des bâtimens, suivant la coutume de Paris, & le toisé du bout-avant. Par M. Mesange. *in*-8°. 1746. 7 liv.

La Mécanique du feu, ou Traité de la construction de nouvelles cheminées, qui échauffent davantage & sont moins sujettes à la fumée. Par M. Gauger. *in*-12, avec figures. Nouvelle édition. 1749, 3 liv.

Œuvres d'Architecture de Jean Marot, appellé le *Grand Marot*, contenant les plans, élévations, coupes & vûes, perspectives des plus beaux édifices de son temps. *in-fol.* 48 liv.

Le petit Marot, ou recueil des plans, profils & élévations de plusieurs Palais, Châteaux, Eglises, Sépultures, Grottes & Hôtels bâtis dans Paris & ailleurs. Par Jean Marot, Architecte. *in*-4°. avec plus de 100 planches, 15 liv.

www.ingramcontent.com/pod-product-compliance
Ingram Content Group UK Ltd.
Pitfield, Milton Keynes, MK11 3LW, UK
UKHW021102270726
13993UKWH00006B/234